CB080978

Ademar Faria Jr.

COM PARTICIPAÇÃO DE ÂNGELA MORAES, CLÁUDIO BUENO E GUARACI LIMA

SONHOS

UMA VIAGEM NO TEMPO

Mythos Books

Título da Obra
SONHOS. UMA VIAGEM NO TEMPO
Autor
ADEMAR FARIA JUNIOR
Com participação de:
Ângela Moraes, Cláudio Bueno da Silva e Guaraci Lima Silveira
© 2014 Mythos Editora Ltda.
Todos os direitos reservados. Nenhuma parte desta obra pode ser reproduzida ou transmitida por qualquer meio (escrito ou eletrônico) sem a prévia autorização por escrito da editora.
Projeto Gráfico e Diagramação
FLAVIO F. SOARES
Design de Capa
PACOS SERVIÇOS GRÁFICOS
Revisão
CAMILA ANDRADE
Distribuição e Clubes do Livro
ADRIANA FERREIRA SILVA COSTA
adriana@mythoseditora.com.br
Este livro foi impresso na Graphium Gráfica e Fotolito.
Mythos Editora Ltda.
Av. São Gualter, 1.296 — Alto de Pinheiros — São Paulo — SP — CEP: 05455-002
Tel.: (11) 3024-6600
www.mythoseditora.com.br

Dados Internacionais de Catalogação na Publicação (CIP)
(Câmara Brasileira do Livro, SP, Brasil)

Faria Junior, Ademar
Sonhos, uma viagem no tempo / Ademar Faria Junior ; com a participação de Ângela Moraes, Cláudio Bueno da Silva e Guaraci Lima Silveira. -- São Paulo : Mythos Editora, 2014.

ISBN 978-85-7867-158-7

1. Espiritismo 2. Psicografia 3. Romance espírita I. Moraes, Ângela. II. Silva, Cláudio Bueno da. III. Silveira, Guaraci Lima. IV. Título.

14-08053 CDD-133.9

Índices para catálogo sistemático:

1. Romance espírita : Espiritismo 133.9

Os Sonhos de César

*por Guaraci Lima Silveira**

Eu tinha sonhos diferentes dos de todas as pessoas. Normalmente, sonhamos com coisas do cotidiano, com assuntos insolúveis, soluções milagrosas ou algo do gênero. Comigo não era assim. Sempre via coisas inexistentes, pessoas que não falavam, animais que não tinham similares neste mundo. Esses sonhos começaram a acontecer quando tinha quatorze anos - o primeiro foi no dia em que Rominha me disse que não queria mais saber de mim. Foi um duro golpe. Aquela garota era o meu ideal de adolescente. Certo que era dois anos mais velha do que eu, mas o que tinha a ver isso? Acho que disseram para ela que eu era pirralho, apesar dos meus quase 1,70m. Naquela noite, quase chorei; quase derramei a primeira lágrima por causa de um amor perdido. Porém, mantive a compostura de "homem" e fui dormir mais cedo. Então sonhei. São vagas as lembranças, mas eu estava num lugar muito diferente, onde não existiam montanhas ou mares, e uma voz me disse, suave:

- Ainda precisa crescer!

Foi o bastante. Levantei-me no dia seguinte e vi que era grande apenas por fora, mas que, dentro de mim, ainda queria fazer coisas de menino. Abandonei a ideia de preparar-me para casar e fui praticar esportes e estudar. Rominha mudou-se pouco tempo depois e hoje nem sei dela.

Fui crescendo um pouco mais e os sonhos continuaram. Num deles, vi uma estrada muito comprida e rodeada de postes luminescentes. As luzes mudavam de cor o tempo todo, e havia também uma canção - não daquelas com as quais estava acostumado e das quais gostava, mas uma diferente e que tinha sabor. Quando a ouvia, sentia o gosto adocicado de um suco que não identificava.

Muitas vezes, na escola ou praticando esportes, tive vontade de brigar com alguém para defender meus direitos. Então, lembrava-me daqueles sonhos e saía ruminando sozinho minhas queixas. Os colegas às vezes achavam que eu era covarde, mas não me sentia assim. Tinha medo de lutar e os sonhos desaparecerem. Eles me faziam enorme bem, e sonhava quase todas as noites.

Já estava com 17 anos quando Elaine disse que gostava de mim. Receei reviver com ela o mesmo desencanto que tive com Rominha. Então, a lembrança do sonho me aquietou: "Se acontecer, eu sonho e fica tudo bem". Elaine era mais madura que Rominha e da minha idade. Era um tanto mais baixa, o que dava a impressão de que eu era muito mais velho do que ela. Isto aliviaria os desejos alheios - como, de fato, aliviou. Namoramos muito tempo; acho que até hoje, pois somos casados, temos filhos e netos e saímos sempre para namorar, principalmente nas tardes em que tem poesia na praça.

Agora estou com 65. Os sonhos sempre estiveram presentes e nortearam cada passo da minha vida. Ontem mesmo tive um sonho muito estranho: morava numa grande cidade na qual as pessoas eram felizes, porém, enfermas. Traziam nas faces duras marcas das suas doenças. Não as via reclamar, apenas caminhar, seguindo conselhos médicos. Duas senhoras, uma em cadeira de rodas e outra mancando muito, conversavam animadamente. Aproximei-me, queria ouvir o que falavam. Ao me verem, sorriram, e eu lhes perguntei:

– Vocês são felizes?

– Sim. Muito felizes.

– Mas e a cadeira de rodas? E a perna doente?

Olharam-se e sorriram. Naquele instante, um médico de plantão naquele lugar aproximou-se e convidou-me a um passeio. Sim, aquele recanto era aprazível e dava uma vontade enorme de ser forte, vencedor, feliz e agradecido. Comecei a me envolver naquela aventura. Os sonhos sempre promoveram paz em minha alma e aquele, com certeza, não seria diferente. Caminhamos um pouco e, em dado instante, o médico convidou-me para sentar em pequeno relevo daquela relva. Era como se fosse um banco macio e multicolorido de azul e prata.

– Aqui tudo é diferente, não é mesmo? – perguntou-me.

– Sim. Gostaria muito de saber que lugar é este. – respondi.

– Este é um lugar onde se cura enfermidades. – disse-me.

– Um hospital?

– Não. Uma estância.

– De águas minerais?

O médico não respondeu. Percebi que conversávamos em línguas e conhecimentos diferentes. Achei melhor calar e esperar que ele falasse. Certamente eu não estava sonhando para levar informações a ninguém, e sim para recebê-las. Isto era claro, tendo em vista as diferenças – para melhor – que encontrava ali. Comecei a entender essas diferenças quando moço. Às vezes, vamos a locais nos quais as pessoas e as coisas são melhores que nós ou que aquilo com o qual estamos acostumados, e desandamos a falar, quando o prudente seria ouvir. Permiti-me, pois, ouvir. Enquanto isso, olhava a paisagem e vi que o céu era diferente; o sol era mais distante e, por conseguinte, não queimava tanto. Notei que seus raios eram esverdeados e que se podia olhar para ele sem protetores oculares, e vi pequenas revoluções nucleares. Enquanto olhava, meus olhos expandiam-se; após, olhava para outro recanto e as pupilas dilatavam. Era como se elas se transformassem em lupas, e eu via o longe de muito perto. Assim, o mundo e as coisas se distanciavam ou se aproximavam de acordo com olhar ou não para o sol. Estranho e, ao mesmo tempo, magnífico. As coisas também mudavam de cor, dependendo do tempo de exposição aos raios solares. O médico me olhava e deliciava-se com minhas descobertas. Eu não me fazia de rogado e procurava novos matizes, novas nuances, novas possibilidades dentro daqueles movimentos que encantavam. Depois, lembrei-me dos doentes e das enfermidades. Por que eram felizes? Aquele médico tomou minhas mãos, afagou-as e disse, com propriedade:

- Felizes são todos aqueles que acolhem suas enfermidades sem reclamar.

Era uma boa frase e daria muito que pensar. O que sei e vejo são pessoas apavoradas com a possibilidade da doença e da dor.

- Sabe por que as pessoas que conhece têm medo da doença e da dor?

Não respondi. Minha resposta, creio, seria fútil demais para o momento. Ele elevou seus olhos aos céus esverdeados dali e me respondeu, com absoluta certeza:

- As pessoas temem as doenças porque sabem que ficarão impedidas de voltar a errar.

Achei que começava ali uma apologia aos masoquismos. Afinal, os sonhos costumam ser malucos!

- As doenças representam possibilidades de libertação. Elas surgem quando extrapolamos os limites. Temos anticorpos físicos e espirituais, que suportam determinadas quantidades de cargas negativas; se as cargas são aumentadas ou se ficam mais fortes, quase sempre entramos em conflito, a imunidade cai e ficamos doentes: as cargas energéticas em excesso geradas por nossas ações malévolas atingem os pontos por onde penetrarem, deixando-nos enfermos. Então, necessitamos recuperar as partes lesadas. Se o corpo físico não suportar e perecer, o tratamento continua no corpo espiritual, uma vez que somos imortais.

Foi aí que entendi a sua frase "As pessoas temem as doenças porque sabem que ficarão impedidas de voltar a errar".

Lembrei-me de Jesus. Sim, curados não podemos voltar a errar. Caso contrário, pode nos acontecer o pior.

– Aqui é um mundo de regeneração. As pessoas ainda sofrem com suas doenças, porém, sabem a importância da recuperação e o valor do aprendizado. Por isso, são felizes e aguardam, confiantes, o retorno da saúde para fazer dela o grande talismã dos seus crescimentos. O seu mundo está prestes a transformar-se também num mundo como este, de regeneração. Volte e diga para todos que regenerar significa reconhecer as culpas e se curar.

Elaine despertou-me. Era hora de ir ao médico tratar da minha coluna. E eu, que sempre reclamava daquelas dores, naquela manhã acordei feliz e fui arrumar um jeito de me curar. Sabem como? Falando e escrevendo sobre minhas experiências com os sonhos. Eles são vivências adquiridas enquanto o espírito está livre do corpo por algum tempo. Aprendemos com os espíritos com os quais nos ligamos durante o dia. Se buscarmos boas companhias quando em vigília, à noite encontraremos bons companheiros prontos a nos fortalecer, informando e conduzindo. Os sonhos tanto podem representar situações extraordinárias, como a que vivi naquele mundo que abriga almas em regeneração, quanto podem refletir práticas em colônias espirituais do nosso próprio mundo. Sabe o que um mentor amigo me disse num daqueles sonhos? "César, quando se levantar, pela manhã, sente confortavelmente nalguma poltrona ou quiosque, ou onde preferir, e tente se lembrar das vivências noturnas. É salutar essa atitude. Pode ser que relembre de algo importante que tenha aprendido enquanto o corpo dormia".

Andei folheando compêndios espíritas. Li que "Os sonhos são efeito da emancipação da alma, que mais independente se torna pela suspensão da vida ativa e de relação. Tem lembrança do passado e às vezes a previsão do futuro". Trata-se da questão 402 de *O Livro dos Espíritos*.

Desde aquele dia comecei a fazer minhas meditações todas as manhãs. Às vezes, sinto- me correndo nalgum corredor de luz, noutras revejo vilarejos tristes, com pessoas acabrunhadas;

noutras vezes ainda deparo-me com praças, pessoas, movimentos... Nem sempre consigo recordar-me do que disse ou ouvi, mas, incrível, a síntese daquelas vivências parece surgir em forma de uma vibração que decodifico. Se me faz bem, minha noite foi com bons companheiros; se não me sinto assim tão confortável, identifico que provavelmente estive em locais ou na presença de companhias não tão felizes ou sãs.

Ah, mas numa noite daquelas tive um sonho que até hoje é uma chama viva em minha memória: estava com dez anos, ainda no início da minha última encarnação. Adormeci nos colos de mamãe e papai. Fui transportado a um local onde reinavam a paz e a concórdia; um homem muito garboso aproximou-se de mim e disse:

- César, busque sempre lembrar-se dos seus sonhos. Serão sua bússola, seu guia. É preciso orientar-se por eles para que sua encarnação seja mesmo muito proveitosa.

Aquela recomendação que recebi no alvorecer da nova existência ajudou-me sobremodo. E, mesmo que não tenha me lembrado dela na manhã do dia seguinte, ficou impressa em mim, ajudando-me a relembrar e tentar entender os meus sonhos.

Como disse, eram bem diferentes, mas falavam para mim, diziam sobre mim. Cada um sonha com seus pertences guardados desde o passado ou construídos no presente, ambos tecendo os dias do porvir. Quanto mais estranho me pareciam os sonhos, tanto mais eu deveria tentar entendê-los. Eram exercícios - salutares exercícios, destes que nos fazem amadurecer.

Hoje, já estou de volta ao plano espiritual. Às vezes vou até meus amigos, filhos, netos, companheiros vários para buscá-los enquanto o corpo dorme. Faço isso na tentativa de ajudá-los nesta ou naquela dificuldade. Alguns aceitam minha companhia, outros nem tanto: preferem ficar se deliciando com as lembranças do dia, dos encontros, negócios, folias, exageros, ou ainda premeditando ameaças e armadilhas, dando vazão às intempéries da mente em desalinho. A noite passa e, de novo no corpo, na manhã seguinte, envelhecem-no ainda mais rapidamente porque voltam cansados exigindo mais das células que compõem o vaso abençoado que receberam na encarnação. Mas continuarei tentando ser o condutor dos Espíritos nas noites enquanto o dorme o corpo. Flavinha, uma amiga de oito anos, sempre procura por mim assim que adormece:

- Tio César, quero muito crescer em paz para servir-me de sabedoria, servindo ao nosso Mestre Jesus!

Sábia menina. Sempre a recebo repetindo os versos de uma canção que cantarolamos por aqui:

"Dorme, vaso de barro,
Enquanto livre a alma
Se vai. Vai em busca dos
Seus, vai em busca dos
Tecidos que tece nos dias,
Nas horas, nas lidas, na vida.

Alma liberta que voa aprendendo
Os belos voos do porvir,
Não pouse aqui e ali. Pouse no alto,
No mastro erguido, na bandeira
De luz onde grafadas estão
As belas lições de Jesus!"

"O tempo é a nossa bênção... Com os dias coagulamos
a treva ao redor de nós e, com os dias,
convertê-la-emos em sublimada
luz..."

André Luiz
Ação e Reação – FEB – 2004 – Cap. 10

*Guaraci Lima Silveira, escritor, palestrante e articulista espírita, está no movimento espírita desde 1978. Possui sete livros publicados: *Navegador Racional, Destinos, Marcas e Respostas, Tocados Por Ele, Luzes Cristãs, O Refúgio de Laila, Histórias Mediúnicas, Incomparável Presença* e o recente lançamento *Entre a Dor e a Luz.*

Memórias libertadoras

*por Ângela Moraes**

Eliane caminhava para os 20 anos de casada com Pedro, a quem amava fraternalmente, apesar dos não poucos sofrimentos da vida em comum. Tinha admiração pela sua seriedade, seu espírito trabalhador e estudioso, sua índole correta. Por outro lado, seu temperamento inflexível sempre lhe aborrecera sobremaneira, nada podendo ela fazer para mudar-lhe as opiniões quando entendia que o marido estava sendo rigoroso demais com os filhos. Ele pensava aquilo e pronto! "Tenho que viver conforme o que acredito!", dizia abertamente. Com a maturidade, finalmente Eliane deixara de insistir, embora seu coração se sentisse vazio. Almejava ter no outro alguém com quem compartilhar os desafios da vida, não alguém que se impusesse duramente. Além disso, estranhava o quanto o marido não participava de quase nenhum evento familiar, não a acompanhava em nenhum passeio, não a convidava a participar de seus eventos de trabalho. Questionava-se sempre se havia feito a escolha correta ao desposá-lo. Mais que isso, sendo tempos modernos, questionava-se por que não conseguira se libertar daquele relacionamento mais cedo. Todo ano, a mala dele ia até o portão e voltava, em singular vínculo invisível. E, após isso, período de calmaria aquietava seu espírito, principalmente quando Pedro a acomodava nos braços e ela sentia o cheiro confortável de sua pele. Deixava-se embalar, embora íntimo e inexplicável sentimento de culpa lhe falasse aos ouvidos da alma.

Certa tarde, doída pela solidão, cochilou um pouco mais do que deveria depois do almoço. Havia pedido em oração que os mentores espirituais lhe aliviassem a dor íntima, solicitando que algum entendimento lhe reduzisse os conflitos internos. Ao entrar em sono mais pesado, o espírito de Eliane desprendeu-se do corpo, como ocorre em todas as noites. Mas, daquela vez, ao invés de procurar as zonas de seu interesse, naquela tarde algo diferente ocorrera: embora não visse, ao seu lado a aguardava Irmã Maura, que a acompanhava havia séculos. Ela colocara sua destra na testa do espírito de Eliane, que, não sabendo como explicar o fenômeno, imediatamente vira-se dentro de um castelo medieval suntuoso, porém, de psicosfera triste e solitária. No aposento de jantar, observara um jovem senhor, de poucos fios brancos em meio a bem penteados cabelos negros. Tinha um olhar sério e comia com refinamento, sem, no entanto, desanuviar o semblante. Era o dono daquele castelo, e Eliane reconhecera nele Pedro, seu atual marido. A cena lhe justificava os modos requintados do esposo na vida atual, embora viesse de família humilde da periferia. Perguntou-se sobre si mesma naquele contexto, e foi projetada então para o último quarto em um longo corredor. Para sua surpresa, vira-se, em outra figura terrena, presa a uma confortável cama, mãos e pés amarrados na estrutura. A Eliane de outrora não chorava. Estava há anos naquele cárcere privado, já havia se acostumado. Apenas olhava o céu pela janela ao fundo, sentindo-se profundamente só.

Em poucos instantes, o senhor do castelo entrara no quarto com bandeja na mão, trazendo-lhe o jantar. Nada falou. Desatou-a da cama, ficando em seu poder a ponta da corda, levando-a à sala de banho para a higiene íntima. Eliane obedeceu, resignada, e voltando para a cama, alimentou-se. Antes de retirar-se, como fazia todas as noites, Pedro sentou-se para amarrá-la novamente e, como sempre, sem nada dizer, abraçou-a pelas costas, maciamente. Ele não forçava, apenas a envolvia nos braços e ela, depois de se debater um pouco, aquietava-se. Era o único contato físico que tinha, e aquele toque de pele fazia-lhe verter lágrimas de dor e arrependimento, ao mesmo tempo em que o cheiro de sua pele parecia lhe dar forças para viver. Podia sentir também a dor dele, que fechava os olhos e respirava fundo quando Eliane finalmente cedia ao abraço singelo. A Eliane de hoje olhava a cena algo indignada e, ao mesmo tempo, sensibilizada pela dor de ambos.

Por influência de Irmã Maura, a cena do castelo desfizera-se diante do espírito de Eliane, rumando para anos antes em sua memória espiritual. Vira-se no dia do casamento, em grandes e festivos preparativos quanto ao vestido e aos enfeites; vira o senhor desposar-lhe ao altar com olhos apaixonados, o que não era comum naquela época, na qual o matrimônio era apenas por negócios. Mas não ele; Pedro amava a esposa com toda a força de seu coração. Anos depois, vira-se, surpreendida, flertando com nobre visitante durante os saraus que ocorriam no castelo para, em seguida, vislumbrar a dor nos olhos de Pedro quando flagrou-a nos braços de outro, em sua futilidade.

Acordou sobressaltada. Não conseguia se lembrar de todos os detalhes, mas o suficiente para entender por que estava unida a Pedro até hoje. Entendeu sua frieza, talvez por medo de ser traído novamente. Entendeu sua solidão, e como o pouco carinho que recebia lhe acalmava o espírito. Estava acostumada. E entendeu finalmente que havia se comprometido a fazer a parte dela – ser esposa digna –, enquanto ele empenhava esforços para vencer sua tendência eremita. Ela sabia que sua culpa vinha do perdão que ainda não conseguira deliberar face à violência sofrida, mas entendera que o esforço do marido em superar sua mágoa também não era pequeno.

Ao levantar-se, agradecera a Deus pela oportunidade da lembrança do pretérito. Há tempos vinha pedindo respostas à espiritualidade, e aquele sonho fora verdadeiramente libertador. Ao sair do quarto, viu o marido em sua mesa de trabalho, compenetrado. Ao invés de esperar que ele a percebesse, adiantou-se e o abraçou pelas costas. Deixou que seu carinho o envolvesse, até ele desinteressar-se dos estudos e acomodar-se em seus braços. Sabia que ele ainda a amava acima de tudo, e seus olhos se umedeceram.

*Ângela Moraes é jornalista, editora do jornal *Momento Espírita* (CEAC-Bauru), roteirista da radionovela espírita do programa *Diálogos Espíritas* (Rádio Bandeirantes AM 1160hz), autora de contos espíritas como *Respostas que A Vida Traz* (Mythos) e participação em *Ele nos Chama*, de Rogério Coelho (Mythos).

“O que é, portanto, o tempo? Se ninguém me pergunta, eu sei; se quero explicá-lo a quem me pergunta, não sei”. (Santo Agostinho)

“O espaço é a forma de todos os fenômenos externos, a condição subjetiva das nossas intuições externas. O tempo é a forma do sentido interno, a intuição de nós mesmos e do nosso estado interior. Como entender? O espaço limita-se aos fenômenos externos. O fenômeno externo, porém, obedece à condição formal da intuição interior, ou seja, do tempo. Consequentemente, o tempo é condição a priori de todo fenômeno.” (Kant)

240. A duração do tempo, os Espíritos a compreendem como nós?

“Não, e daí vem que nem sempre nos compreendeis, quando se trata de determinar datas e épocas.”

Os Espíritos vivem fora do tempo como o compreendemos. A duração, para eles, deixa, por assim dizer, de existir. Os séculos, para nós tão longos, não passam, aos olhos deles, de instantes que se movem na eternidade, do mesmo modo que os relevos do solo se apagam e desaparecem para quem se eleva no espaço. (*O Livro dos Espíritos,* Allan Kardec, 90ª Ed. FEB).

HOMENAGEM

Ao homem que forneceu parte do material genético que veio a formar o meu corpo físico, ensinou as regras de conduta que nortearam a minha caminhada no contexto social e apresentou a Doutrina Espírita como fonte de luz a iluminar o meu caminho espiritual. Ao meu pai Ademar Faria, meus eternos agradecimentos.

Considerações Iniciais

Após o término das pesquisas que deram origem ao livro *Sonhos, Perguntas e Respostas,* iniciamos uma nova empreitada visando entender, com mais amplitude, o tema dos sonhos em função do tempo. Existem diversas questões relacionadas a este assunto, que carecem de uma melhor compreensão. As pessoas, em sua maioria, têm experiências oníricas (relativas a sonhos) nas quais os acontecimentos se verificam numa contagem de tempo diferente, com inversão, regressão e progressão de datas, causando uma diferença em relação ao calendário vigente.

Os sonhos, em si, já apresentam características que despertam a nossa curiosidade e nos levam, na maioria das vezes, a buscar durante o sono uma interpretação das cenas e acontecimentos que nos envolveram. São ocorrências que geram sentimentos e emoções e afetam, muitas vezes, o nosso comportamento no estado de vigília. Quando as cenas oníricas apresentam características que modificam o padrão do tempo - ou seja, nos colocam num período em que as condições do ambiente, as ocorrências e as pessoas são bem diferentes do momento no qual estamos vivendo –, ficamos ainda mais aturdidos em relação à mensagem que o sonho está nos apresentando.

Durante o sono fisiológico, quando há uma diminuição das funções vitais do organismo, o Espírito, aproveitando-se dessa condição, realiza o processo da *Emancipação da Alma,* expressão utilizada por Allan Kardec para definir o estado no qual o Espírito está semidesprendido do corpo. Nesse momento, o Perispírito, ou Corpo Espiritual, mantém a individualidade e as ligações com as regiões corporais mais importantes, representadas pelos Plexos, a fim de que a vida orgânica mantenha-se equilibrada. Projetado no mundo espiritual, o Espírito capta diversas informações peculiares ao ambiente e observa acontecimentos que se desenrolam ao seu redor, encontra-se com Espíritos domiciliados nesse mundo (inclusive os de pessoas cujos corpos encontram-se também dormindo), é conduzido a regiões específicas de aprendizado, pode sofrer influências de Espíritos atrasados, além das demais ocorrências que podem se apresentar a ele quando nesse estado.

Ocorre que todas essas informações são enviadas ao nosso corpo físico através de prolongamentos do corpo espiritual, que estabelecem uma ligação entre os Centros de Força no Perispírito e os Plexos no corpo físico. As imagens captadas pelo Espírito são enviadas ao Plexo Coronário, localizado no alto da cabeça, que, por sua vez, ativa o lobo occipital (relacionado à função visual), responsável pela organização das imagens recebidas, cujas lembranças constituirão os sonhos e/ou pesadelos. Essa é uma explicação apresentada pela Doutrina Espírita, que vem preencher uma lacuna existente nas explicações oferecidas pelas teorias fisiológica e psicológica.

A Teoria Fisiológica apresenta os sonhos como imagens resultantes de um desequilíbrio de neurotransmissores (substâncias químicas produzidas pelos neurônios), que induziria ao surgimento de descargas elétricas na base do córtex cerebral (camada externa do cérebro, formada por uma rede de células nervosas, os neurônios). Essas descargas ativariam as células nervosas que, estimuladas, causariam um tráfego de informações conservadas nas redes neurais, trazendo à tona imagens ali registradas em função do armazenamento no hipocampo (região relacionada à memória). Para esta teoria, os sonhos não trazem nenhuma mensagem ou informação importante para o receptor das imagens.

Na abordagem da Psicologia, levando-se em conta também a da Psicanálise, durante o sono, cria-se um canal de comunicação com as regiões do subconsciente e do inconsciente, que projetam arquivos ali contidos no campo da mente consciente. Tais projeções podem ser lembradas à conta de sonhos ou pesadelos, quando o indivíduo retorna ao estado de vigília. Existem diversas outras abordagens psicanalíticas apresentadas por Freud e outras tantas considerações oníricas propostas por Jung, a serem tratadas em capítulo específico.

Em todos os modelos apresentados, há a presença do fator tempo como um dos referenciais. As manifestações oníricas ocorrem numa escala de tempo diferente? A contagem do tempo para quem está numa fase de ocorrência de sonhos é diferente? Estas questões são apresentadas em diversas observações feitas pelos indivíduos que passaram por essa experiência e relataram situações que não combinam com o momento atual, seja estabelecendo comparação com o passado ou futuro.

A partir do ano de 1953, o estudo do sono assumiu um caráter mais científico. Devido às contribuições dos neurologistas Eugene Aserinsky e Nathaniel Kleitman, foi possível identificar uma das fases do adormecimento que é caracterizada pelo movimento rápido do globo ocular, conhecida pela sigla REM (Rapid Eye Movement – em inglês, "Movimento Rápido do Olho"). Durante essa fase, o cérebro registra uma atividade eletroencefalográfica muito parecida com a apresentada quando estamos no estado de vigília. O músculo cardíaco sofre uma ligeira aceleração e, consequentemente, a respiração se torna mais rápida. Toda essa atividade gera um consumo mais expressivo de oxigênio, o que obriga a intensificar a circulação sanguínea. Em razão desse aumento de circulação do sangue, o cérebro experimenta um aumento de temperatura.

O movimento rápido dos olhos se caracteriza pela ocorrência de todo esse processo. Existe, porém, uma fase de anulação do estado REM, conhecida pela sigla NREM (do inglês, "Sem Movimento Rápido dos Olhos"). Aproximadamente duas horas após termos adormecido, tem início a fase REM, o momento em que, no ser humano, produzem-se os sonhos, conforme experiências realizadas em laboratórios.

É durante esse período que substâncias químicas oriundas da base da estrutura cerebral e da medula invadem a mente adormecida e predispõem o indivíduo a sonhar. Os dois extremos, REM e NREM, formam um ciclo que se repete diversas vezes durante a noite; o estado REM ocupa uma soma de 25% do tempo total. As pesquisas mostram também que o sono é constituído por períodos que, conforme registrado pelo EEG (eletroencefalograma), apresentam amplitudes baixas e frequências irregulares, uma característica muito semelhante à de um indivíduo acordado.

Nosso cérebro apresenta quatro tipos de ondas cerebrais, identificadas como Alfa, Beta, Teta e Delta. Cada tipo de onda apresenta velocidades diferentes de oscilação de voltagens elétricas. As ondas Alfa (entre 8 e 13 ciclos por segundo), que caracterizam o estado de vigília, são também encontradas durante o estado REM. As ondas Beta (ciclos rápidos - de 13 a 40 por segundo) ocorrem em situação de estresse ou em condições que exigem muita concentração e atenção. As ondas Teta (de 4 a 7 ciclos por segundo) estão presentes no primeiro estágio do sono, quando começamos a dormir. As ondas Delta, as mais lentas (de 0 a 4 ciclos por segundo), caracterizam o sono profundo.

Durante a fase REM do sono, os neurônios responsáveis pelas atividades motoras sofrem uma inibição, impedindo a movimentação do corpo, com exceção das extremidades, que mantêm certa liberdade de movimento.

No hipocampo, os neurônios que compõem o tronco encefálico formam uma onda com característica sinusoidal (de formato muito parecido com um sino). Essa onda, que é identificada como um sinal cerebral, recebe o nome de ritmo Teta.

No ano de 1983, dois pesquisadores apresentaram uma nova teoria para explicar a ocorrência dos sonhos no estado REM. Graeme Mitchison e Francis Crick analisaram a possibilidade de que as descargas elétricas provenientes da base do córtex cerebral, mais precisamente do tronco encefálico (próximo à medula espinhal), atingiriam a região do neocórtex (as circunvoluções cerebrais mais externas do cérebro) com o objetivo de apagar o excesso de dados desnecessários que ali estão armazenados. Essa "faxina" evitaria que as informações essenciais que ali se encontram sofram uma desorganização na sua sequência de armazenamento. Segundo essa proposta de Crick e Mitchison, os sonhos seriam essas imagens desnecessárias que estão sendo apagadas da nossa memória.

Em nossa pesquisa, observamos variadas ocorrências de fixação de aprendizado sendo determinadas no momento das experiências oníricas. As narrativas oferecidas pelas pessoas demonstram claramente a presença de elementos novos no processo do aprendizado, incorporando-se à memória em função de fixações oníricas. Evidentemente que estaremos analisando a memória não só nos seus aspectos de curta e longa duração, mas também ampliando o conceito até chegar à memória psíquica, ou seja, aquela que mantém seus registros no psiquismo de ordem espiritual e que não está sujeita às estruturas cerebrais - mais precisamente ao hipocampo - para manter sua fixação e existência. Esta memória psíquica constitui-se de um patrimônio de registros que impregna a nossa realidade espiritual e mantém vivas nossas lembranças das existências pretéritas.

Tudo quanto vivenciamos carregamos em forma de núcleos de informações sediados no nosso inconsciente passado, região constituinte da nossa estrutura espiritual. Durante a fase de encarnação, a alma ou Espírito encarnado, conforme definição dos Espíritos em *O Livro dos Espíritos*, encontra nos elementos materiais que lhe formam o corpo uma barreira à livre manifestação das informações de seu passado espiritual. Em virtude da falta de maturidade psicológica para conviver com diversas informações que se fixaram em outro tempo - nem sempre resultantes de bons comportamentos -, é muito importante que isso ocorra.

A nível fisiológico, nossas estruturas de captação e retenção não possuem as aptidões necessárias para organizar tamanha soma de ocorrências e ainda não permitir que elas se misturem com as fixações de experiências da presente existência. Dessa maneira, vemos que o mecanismo da emancipação da alma projeta a realidade espiritual no mundo de dimensões extracorpóreas, no qual os parâmetros de contagem e marcação do tempo são completamente diferentes, permitindo que grande parte do nosso aprendizado em estado de vigília possa ser incorporado em nossa memória psíquica.

O Espírito realiza a captação de informações do mundo espiritual de maneira diferente do que ocorre com o corpo físico em relação ao mundo material. Nosso corpo dispõe de canais de comunicação específicos, que estabelecem sintonia com níveis diferentes de vibrações da matéria. Nossos cinco sentidos estão ajustados para percepções em vibrações próprias, nas quais as informações são interiorizadas e comparadas aos padrões existentes, arquivados nos escaninhos das nossas redes neurais. O mecanismo da visão, por exemplo, começa com a captação das vibrações luminosas que penetram a nossa retina, propagam-se como impulsos através do nervo óptico e chegam ao lobo occipital, onde são projetadas numa sequência de 40 vezes por segundo, formando a imagem. Trata-se de um mecanismo fisiológico que encontrará, em certo nível, uma recepção nos tecidos sutis que compõem a nossa estrutura espiritual. Poderíamos dizer que os nossos tecidos perispirituais são formados por ínfimos sensores e armazenadores de informações que são captadas a todo instante pelos sensores fisiológicos. A nossa estrutura espiritual, dentro de toda sua complexidade, acaba sendo um grande e completo arquivo do tempo em que tudo o que foi vivenciado pelo Espírito, em suas múltiplas existências, em função do período em que ocorreram, mantém-se de forma indelével por toda a existência do Espírito - que, vale ressaltar, é eterna.

Nós somos, na realidade, uma fantástica "máquina do tempo", verdadeiros viajantes de uma estrada na qual a grandeza que está sendo usada como referência não é o espaço, mas o tempo. Tudo que experimentamos, vivenciamos, aprendemos, fizemos ou idealizamos não se encontra perdido, mas sim arquivado nos nossos núcleos de armazenamento psíquico, localizados nos sutis mecanismos do inconsciente. Durante o processo da emancipação da alma, no período do sono fisiológico, o corpo físico - ou, melhor dizendo, as vibrações da matéria que o compõem - exerce uma influência bem menor sobre o Espírito comparado à que ocorre durante o estado de vigília. Sendo assim, a "máquina do tempo" está mais acessível a ser acionada e utilizada nas nossas viagens tanto ao passado (retroscopia) quanto ao futuro (precognição). Não significa que ocorra um deslocamento no tempo em relação a uma contagem regressiva ou progressiva, ou seja, o Espírito não abandona o momento vigente e se desloca, como se fosse um portal do tempo, para uma dimensão na qual o tempo transcorra em outra escala. O que se verifica é que o Espírito - o seu psiquismo - pode ser inundado com as realidades vividas em outras existências (retroscopia) por meio dos acessos aos arquivos existentes nos núcleos psíquicos de armazenamento de todas as nossas experiências transatas.

Com relação ao futuro, podem ser oferecidas ao Espírito, durante o sono físico, algumas informações acerca de fatos que estão previstos para se concretizarem em função das realizações no momento presente, podendo constituir as lembranças oníricas daquele que obteve acesso a tais previsões. Assim, teremos os sonhos premonitórios.

Estudaremos melhor, em outro capítulo, a questão relativa ao passado, presente e futuro, demonstrando que não podemos analisar o tempo apenas como uma sucessão dos fatos: há que se considerar a posição de quem o observa.

Num período pré-científico, os fenômenos oníricos premonitórios foram considerados mensagens ou sinais dos deuses. Os indivíduos que relatavam seus sonhos que se concretizavam foram considerados portadores de faculdades especiais, verdadeiros mensageiros divinos, em face das revelações que, por meio deles, eram oferecidas aos homens. Em função disso, não houve espaço para analisar esses fenômenos, e nem mesmo existiam métodos de investigação que oferecessem informações que explicassem tais ocorrências. De toda maneira, a História apresenta diversas situações em que os acontecimentos envolviam os chamados sonhos premonitórios. Trata-se de um fenômeno de abrangência mundial, haja vista o fato de termos encontrado referências a eles no seio de diversos povos, nas mais variadas regiões, mudando apenas a maneira como o fenômeno era tratado.

O Autor

Capítulo 1

FISIOLOGIA DO CÉREBRO

Em função da Teoria Fisiológica, que oferece uma explicação relativa aos sonhos baseada numa atividade cerebral, é muito importante que tenhamos uma noção acerca do funcionamento do cérebro humano. Não poderíamos, portanto, avançar nos nossos estudos dos sonhos sem que tivéssemos uma compreensão bem clara de como funciona essa máquina fantástica sediada dentro da nossa caixa craniana. Evidentemente que, ao analisarmos o aspecto fisiológico do cérebro humano, estaremos observando características físicas de um orgão que palidamente expressa parte dos diversos potenciais do Espírito, que o utiliza como instrumento gerenciador das mais variadas funções fisiológicas necessárias ao funcionamento do corpo físico que lhe serve de ferramenta na realização de suas tarefas no mundo material.

O cérebro não pode ser comparado a uma máquina, pois ele é muito flexível, dinâmico, vivo e capaz de aprender, organizar, compreender e se reorganizar constantemente, de acordo com as novas necessidades. Mesmo assim, ele não é a sede da inteligência e nem tampouco consegue expressar com plena perfeição todos os elementos que compõem os intricados mecanismos de funcionamento do Espírito.

No mundo espiritual, por exemplo, as noções de dimensões são diferentes das que possuímos no mundo físico. Aqui, estamos limitados ao poder de percepção proporcionado por um grupo de cinco sentidos básicos, que nos permitem estabelecer contato com as referências que nos rodeiam. A nível espacial, conseguimos perceber, através desses sentidos, três dimensões elementares que nos permitem criar uma noção de posicionamento, que são: altura, largura e comprimento. Na dimensão espiritual, nossos sentidos se ampliam, ou seja, não estamos mais limitados aos padrões cerebrais que nos oferecem apenas cinco sentidos - ocorre como que uma ampliação deles, acompanhado de uma percepção que se amplia além das áreas fisiológicas responsáveis pelas captações dos estímulos sensoriais.

Dessa forma, entendemos, por exemplo, que o Espírito "vê" por todos os receptores que compõem o seu corpo espiritual, enquanto a nível físico nós enxergamos apenas com o cérebro, usando os olhos como instrumento de captação dos estímulos visuais. Devido à capacidade de percepção mais ampla do Espírito em comparação àquela que o corpo físico oferece, podemos inferir que o ambiente normal em que ele vive possuirá outras dimensões, ou as mesmas que existem no mundo físico, mas ampliadas. De nossa parte, acreditamos que incorremos em erro todas as vezes em que nos referimos ao mundo espiritual utilizando a expressão "plano espiritual". O termo "plano" refere-se a uma região que tem apenas dois referenciais: largura e comprimento. Se até mesmo o mundo físico possui uma dimensão a mais, que é a altura, que dirá o mundo espiritual, cujas dimensões que nós conhecemos a nível físico se ampliam e no qual outras existem para servir de parâmetro às atividades dos Espíritos, que podem perceber essas novas dimensões em função dos instrumentos disponíveis em sua constituição espiritual! Cremos portanto, que o termo "plano" utilizado para se referir ao mundo espiritual é incompleto e, por esse motivo, tomamos o cuidado de sempre utilizar a expressão "mundo espiritual" ao nos referirmos à região onde residem os Espíritos em seu estado normal primitivo.

Em se tratando dos sonhos e do tempo em sua composição, temos percebido que, na questão dimensional, esses fenômenos só conseguem ser bem compreendidos de acordo com as condições do ambiente em que a maioria das experiências oníricas são realizadas, que é o mundo espiritual. É exatamente essa possibilidade de ampliação e inclusão de novos parâmetros dimensionais que nos permite oferecer uma nova possibilidade de análise e compreensão dos sonhos.

Quando analisamos a questão do tempo como um referencial, percebemos profundas diferenças de contagem em relação aos dois mundos. Por esse motivo, os registros cerebrais ou lembranças oníricas que envolvam alterações temporais em comparação com o presente carecem de ser mais detidamente analisados, pois as referências que o mundo espiritual adota para mensurar o tempo são diferentes das que adotamos no nosso mundo. Assim, encontramos narrativas oníricas nas quais os padrões cerebrais de ajustamento do tempo se perdem ou não conjugam adequadamente a marcação terrena, produzindo com isso distorções no entendimento da mensagem veiculada através dos sonhos.

O cérebro humano é particularmente complexo e extenso. Ele é imóvel e representa apenas 2% da massa do corpo, mas, apesar disso, recebe aproximadamente 25% de todo o sangue que é bombeado pelo coração. Divide-se em dois hemisférios: esquerdo e direito. Seu aspecto se assemelha ao miolo de uma noz. É um conjunto distribuído, composto de milhares de milhões de células, que se estende por um espaço de mais de $1m^2$, dentro do qual conseguimos diferenciar certas estruturas correspondentes às chamadas áreas funcionais, que podem abranger, cada uma, até um décimo desse espaço.

O hemisfério dominante em 96% dos humanos é o esquerdo, responsável pelo pensamento lógico e pela competência comunicativa. O hemisfério direito é responsável pelo pensamento simbólico e pela criatividade, embora pesquisas recentes estejam contradizendo isso, comprovando que existem partes do hemisfério esquerdo destinadas à criatividade; o mesmo acontece com relação às funções do hemisfério esquerdo. Nos canhotos, as atribuições estão invertidas. O hemisfério esquerdo diz-se dominante, pois nele localizam-se duas áreas específicas: a Área de Broca (B), o córtex responsável pela motricidade da fala, e a Área de Wernicke (W), o córtex responsável pela compreensão verbal.

O corpo caloso localiza-se no fundo da fissura inter-hemisférica, também chamada de fissura sagital; é a estrutura responsável pela conexão entre os dois hemisférios cerebrais. Composta de fibras nervosas de cor branca (feixes de axônios envolvidos em mielina), é responsável pela troca de informações entre as diversas áreas do córtex cerebral.

O córtex motor é responsável pelo controle e coordenação da motricidade voluntária. Traumas nessa área causam fraqueza muscular ou até mesmo paralisia. O córtex motor do hemisfério esquerdo controla o lado direito do corpo, e o córtex motor do hemisfério direito controla o lado esquerdo. Cada córtex motor contém um mapa da superfície do corpo: perto da orelha está a região que controla os músculos da garganta e da língua; segue depois a dos dedos, mão e braço; a do tronco fica ao alto e a das pernas e pés vem depois, na linha média do hemisfério.

O córtex pré-motor é responsável pela aprendizagem motora e pelos movimentos de precisão. É na parte em frente à área do córtex motor, na terceira circunvolução frontal esquerda, correspondente à boca, que reside a Área de Broca, relacionada à linguagem. A área pré-motora fica mais ativa do que o resto do cérebro quando se imagina um movimento, sem o executar. Se se executa, a área motora fica também ativa. A área pré-motora parece ser aquela que, em grande medida, controla o sequenciamento de ações em ambos os lados do corpo. Traumas nessa área não causam nem paralisia nem problemas na intenção para agir ou planejar, mas a velocidade e suavidade dos movimentos automáticos (por ex., fala e gestos) ficam perturbadas. A prática de piano, tênis ou golfe envolve o "afinar" da zona pré-motora, sobretudo da esquerda, especializada largamente em atividades sequenciais tipo série.

Cabe ao córtex do cerebelo fazer a coordenação geral da motricidade, manutenção do equilíbrio e postura corporal. O cerebelo representa cerca de 12% do peso total do encéfalo e contém mais neurônios do que os dois hemisférios juntos.

O eixo formado pela adeno-hipófise e o hipotálamo responde pela autorregulação do funcionamento interno do organismo. As funções homeostáticas (função cárdiorrespiratória, circulatória, a regulação do nível hídrico, de nutrientes, da temperatura interna, etc.) são controladas automaticamente.

No cérebro há uma distinção visível entre a chamada massa cinzenta e a massa branca, constituída pelas fibras (axônios) que entreligam os neurônios. A substância cinzenta do cerebro, o córtex cerebral, é constituída de corpos celulares de dois tipos: as células de Glia, também chamadas de neuróglias, e os neurônios. O córtex cerebral humano é um tecido fino (como uma membrana), que tem espessura entre 1 e 4 mm e estrutura laminar, formada de seis camadas distintas, com diferentes tipos de corpos celulares de neurônios. Perpendicularmente às camadas, existem grandes neurônios chamados de piramidais, que ligam as várias camadas entre si e representam cerca de 85% dos neurônios no córtex. Os neurônios piramidais estão interligados uns aos outros através de ligações excitatórias; acredita-se que a sua rede é o "esqueleto" da organização cortical. Podem receber entradas de milhares de outros neurônios e transmitir sinais a distâncias da ordem dos centímetros, atravessando várias camadas do córtex. Os estudos realizados indicam que cada célula piramidal está ligada a quase tantas outras células piramidais quantas as suas sinapses (cerca de 6 mil), o que implica que nenhum neurônio está a mais de um número pequeno de sinapses de distância de qualquer outro no córtex.

As diferentes partes do córtex cerebral são divididas em quatro áreas chamadas de lobos cerebrais, tendo cada uma funções diferenciadas e específicas. Os lobos cerebrais são designados pelos nomes dos ossos cranianos nas suas proximidades e que os recobrem. O lobo frontal fica localizado na região da testa; o lobo occipital, na região da nuca; o lobo parietal, na parte superior central da cabeça; e os lobos temporais, nas regiões laterais da cabeça, por cima das orelhas.

Os lobos parietais, temporais e occipitais estão envolvidos na produção das percepções resultantes daquilo que os nossos órgãos sensoriais detectam no meio exterior e da informação que fornecem sobre a posição e relação com objetos exteriores das diferentes partes do nosso corpo.

O lobo frontal, que inclui o córtex motor e pré-motor e o córtex pré-frontal, está envolvido no planejamento de ações e no movimento, assim como no pensamento abstrato. A atividade no lobo frontal aumenta nas pessoas normais somente quando temos de executar uma tarefa difícil, na qual seja necessário descobrir uma sequência de ações que minimize o número de manipulações necessárias. A parte da frente do lobo frontal, o córtex pré-frontal, tem a ver com estratégia: decidir que sequências de movimento ativar, em que ordem e avaliar o seu resultado. As suas funções parecem incluir o pensamento abstrato e criativo, a fluência do pensamento e da linguagem, respostas afetivas e capacidade para ligações emocionais, julgamento social, vontade e determinação para ação e atenção seletiva. Traumas no córtex pré-frontal fazem com que uma pessoa fique presa obstinadamente a estratégias que não funcionam ou que não consigam desenvolver uma sequência de ações correta.

O lobo occipital está localizado na parte póstero-inferior do cérebro. Coberta pelo córtex cerebral, esaa área é também designada como córtex visual porque processa os estímulos visuais. É constituída de várias subáreas que processam os dados visuais recebidos do exterior depois de terem passado pelo tálamo: há zonas especializadas em processar a visão da cor, do movimento, da profundidade, da distância, etc. Depois de percebidos por esta área visual primária, esses dados passam para a **área visual secundária**. É aqui que a informação recebida é comparada com os dados anteriores que permitem, por exemplo, identificar um cão, um automóvel, uma caneta. A área visual comunica-se com outras areas do cérebro, que dão significado ao que vemos tendo em conta nossa experiência passada e nossas expectativas. Por isso é que o mesmo objeto nao é percebido da mesma forma por diferentes sujeitos. Para além disso, muitas vezes o cérebro é orientado para discriminar estímulos. Uma lesão nessa região provoca agnosia, que consiste na impossibilidade de reconhecer objetos, palavras e, em alguns casos, os rostos de pessoas conhecidas ou de familiares.

Os lobos temporais estão localizados na região acima das orelhas, tendo como principal função processar os estímulos auditivos. Os sons produzem-se quando a **área auditiva primária** é estimulada. Tal como nos lobos occipitais, é uma zona de associação, a **área auditiva secundária**, que recebe os dados e, em interação com outras zonas do cérebro, atribui- lhes um significado, permitindo ao homem reconhecer o que ouve.

Os lobos parietais, localizados na parte superior do cérebro, são constituídos de duas subdivisões: a anterior e a posterior. A zona anterior designa-se como córtex somatossensorial e tem por função possibilitar a recepção de sensações, como o tato, a dor e a temperatura do corpo. Nessa área primária, que é responsavel por receber os estímulos que têm origem no ambiente, estão representadas todas as áreas do corpo. São as zonas mais sensíveis que ocupam mais espaço nesta área porque têm mais dados para interpretar. Os lábios, a língua e a garganta recebem um grande número de estímulos, precisando, por isso, de uma área maior. A área posterior dos lobos parietais, a secundária, analisa, interpreta e integra as informações recebidas pela área anterior ou primária, permitindo-nos a localização do nosso corpo no espaço, o reconhecimento dos objetos por meio do tato, etc.

É na zona onde convergem os lobos occipital, temporal e parietal que se localiza a área de Wernicke, que desempenha um papel muito importante na produção de discurso. É esta área que nos permite compreender o que os outros dizem e que nos faculta a possibilidade de organizarmos as palavras sintaticamente corretas.

O cérebro e as funções cerebrais têm sido estudados cientificamente por diversos ramos do saber. É um projeto pluridisciplinar. Nasceu, assim, a neurociência, cujo objetivo é estudar o funcionamento do Sistema Nervoso, nomeadamente do Sistema Nervoso Central, a partir de uma perspectiva biológica. A Psicologia, depois de se ter emancipado da Filosofia e de vários conceitos religiosos, tem por objetivo estudar cientificamente o comportamento do indivíduo e como este se relaciona com as estruturas cerebrais. A ciência cognitiva procura estudar as funções cerebrais com o objetivo de desenvolver o conceito de "inteligência artificial". O cérebro é responsável pelas emoções.

Por volta de 1825, Pierre Flourens fez as primeiras descobertas relacionadas ao funcionamento cerebral. Anatomistas e fisiologistas desenvolveram novos métodos experimentais para intervir diretamente no cérebro e observar os resultados destas intervenções sobre o comportamento de animais. Estes métodos eram:

— A ablação (retirada) cirúrgica seletiva de partes do cérebro de animais.

— A estimulação elétrica do cérebro de animais e seres humanos.

— Os estudos clínicos, ou seja, experiências envolvendo pacientes com deficiências neurológicas ou mentais que tiveram seus cérebros examinados após a morte, numa tentativa de identificar alterações detectáveis no tecido nervoso.

— A eletrofisiologia, na qual eletrodos são colocados diretamente no cérebro, permite aos cientistas registrar a atividade, no córtex cerebral, de neurônios isolados ou de grupos deles; mas, como requer uma cirurgia invasiva, é uma técnica reservada apenas para cobaias animais.

— A eletroencefalografia, ou EEG, dá-se com a colocação de eletrodos sobre a pele a fim de se registrarem os impulsos nervosos (de natureza eletroquímica) gerados por diferentes partes do córtex cerebral. O exame detecta somente mudanças em larga escala, ocorridas apenas nas camadas mais externas do órgão. Com o aparecimento dos métodos de imagem, a tomografia axial computorizada e a imagem por ressonância magnética vieram revolucionar o estudo do funcionamento do cérebro e tornar o diagnóstico médico mais rigoroso.

— A ressonância magnética funciona medindo as mudanças no fluxo de sangue dentro do cérebro, mas a atividade dos neurônios não é diretamente medida e não se pode distinguir onde a atividade é de inibição ou onde é de excitação. Testes de comportamento podem avaliar sintomas de doenças e o desempenho mental, mas são também medidas indiretas das funções cerebrais e podem não ser práticas em todos os animais. Análises feitas em cadáveres de animais permitem o estudo da anatomia e da distribuição de proteínas no cérebro.

Capítulo 2

REDES NEURAIS

No estudo dos sonhos, temos sempre que considerar a existência daqueles que são fisiológicos. A Fisiologia não consegue explicar todos os fenômenos oníricos, porém, muitas ocorrências são explicadas usando-se como princípio elementos da fisiologia humana, principalmente a que se refere ao cérebro.

Após termos estudado um pouco as características e o funcionamento do cérebro, vamos dedicar este capítulo à análise das redes neurais e suas implicações nos fenômenos oníricos. Vamos abordar também as correlações entre o cérebro físico e o seu "correspondente" no corpo espiritual, a fim de que possamos ampliar o entendimento da importância das redes neurais no mecanismo de interação entre cérebro e Espírito.

O neurônio é a célula do sistema nervoso responsável pela condução do impulso nervoso. Há cerca de 100 bilhões deles no sistema nervoso humano. O neurônio é constituído pelas seguintes partes: corpo celular, núcleo celular, dendritos (prolongamentos do corpo celular, numerosos e curtos; são receptores de mensagens), axônio (prolongamento que transmite o impulso nervoso vindo do corpo celular) e telodendritos.

O neurônio pode ser considerado a unidade básica da estrutura do cérebro e do sistema nervoso. A membrana exterior de um neurônio toma a forma de vários ramos extensos, chamados de dendritos, que recebem sinais elétricos de outros neurônios e de uma estrutura a que se chama axônio, que envia sinais elétricos a outros neurônios. O espaço entre o dendrito de um neurônio e os telodendritos de outro é o que se chama uma fenda sináptica; os sinais são transportados através das sinapses por uma variedade de substâncias químicas chamadas de neurotransmissores. O córtex cerebral é um tecido fino, composto essencialmente de uma rede de neurônios densamente interligados – de maneira tal que nenhum neurônio está a mais do que algumas sinapses de distância de qualquer outro neurônio.

Os neurônios recebem continuamente impulsos nas sinapses de seus dendritos vindos de milhares de outras células. Os impulsos geram ondas de corrente elétrica (excitatória ou inibitória, cada uma num sentido diferente) que se propagam através do corpo da célula até uma zona chamada de zona de disparo, no começo do axônio. É aí que as correntes atravessam a membrana celular, passando para o espaço extracelular, e que a diferença de voltagem formada na membrana determina se o neurônio dispara ou não.

A quantidade de conexões possíveis de serem realizadas no cérebro humano ultrapassa o número de átomos existentes em todo o universo.

Os neurônios caracterizam-se pelos processos que conduzem impulsos nervosos para o corpo, e do corpo para a célula nervosa. Os impulsos nervosos e seus processos são reações físico-químicas que se verificam nas superfícies dos neurônios. Reações semelhantes ocorrem em muitos outros tipos de células, mas elas são mais notáveis nos neurônios, cujos caracteres estruturais se destinam a facilitar a transmissão dos impulsos a grandes distâncias.

O neurônio é uma célula altamente especializada na transmissão de informações na forma de impulsos nervosos – fenômenos eletroquímicos que utilizam certas propriedades e substâncias da membrana plasmática que permitem a criação e transmissão de um impulso elétrico.

O cérebro é, no mínimo, mil vezes mais rápido que qualquer computador até hoje inventado. No córtex cerebral ocorrem cerca de 60 trilhões de sinapses, sendo assim, o cérebro mantém-se sempre ligado. Não descansa e não desliga durante toda a nossa vida.

Um neurônio em repouso é uma célula que apresenta uma diferença de voltagem entre o seu citoplasma e o líquido extracelular. Essa diferença é criada graças ao acúmulo seletivo de íons potássio (K^+) e sódio (Na^+), que ocorre pela ação de bombas que criam uma diferença de concentração. Esta diferença de concentração é controlada por canais de (potássio) K^+ e de (sódio) Na^+, gerando uma tensão negativa (de -58mV no interior de neurônios humanos), que pode variar entre espécies.

Esse estado de equilíbrio (ou estado de polarização do neurônio) dura até o momento em que um potencial de ação abre os canais de K^+ e de Na^+, alterando a concentração desses íons. Essa modificação gera um potencial positivo dentro do neurônio, chegando aos +40mV ou mais (dependendo do organismo estudado). Este desequilíbrio gera um efeito cascata, que é o potencial de ação. Usualmente o potencial de ação inicia-se no começo no axônio (zona de disparo) e se propaga até as vesículas sinápticas, gerando a descarga de neurotransmissores.

Após ter ocorrido o potencial de ação, imediatamente os canais de K^+ e de Na^+ começam a restabelecer o equilíbrio anterior, com uma tensão negativa no interior do neurônio e positiva fora dele. O neurônio precisa, então, de um brevíssimo tempo para reconstituir seu estado de pré-descarga, e durante este tempo ele não consegue efetuar outro potencial de ação. Esse momento de latência chama-se período refratário. Logo em seguida, o neurônio adquire capacidade para efetuar outro potencial de ação, estabelecendo um ciclo.

Os neurônios receptores ou sensitivos, também chamados de aferentes, reagem a estímulos exteriores e despertam uma reação a esses estímulos, se necessário. A sua constituição é um pouco diferente dos outros dois tipos de neurônios. De um lado do axônio, estão os sensores que captam os estímulos. Do outro lado, os telodendritos. O corpo celular localiza-se sensivelmente ao meio do axônio, estando ligado a este por uma ramificação do axônio, assumindo um pouco o aspecto de um balão.

O grupo de neurônios associativos ou conectores é o mais numeroso. Como o nome indica, eles transmitem o sinal desde os neurônios sensitivos até o sistema nervoso central.

Nesse tipo de neurônio, o axônio é bastante reduzido, estando o corpo celular e os dendritos ligados diretamente à arborização terminal, onde se localizam os telodendritos.

Os neurônios motores têm a função de transmitir o sinal desde o sistema nervoso central até o órgão eretor (que se move) para que ele realize a ação que foi ordenada pelo encéfalo ou pela medula espinhal. Esses são os neurônios que têm o aspecto mais familiar – aquele que estamos habituados a ver nas gravuras.

Sinapses nervosas são os pontos nos quais as extremidades de neurônios vizinhos se encontram e o estímulo passa de um neurônio para o seguinte por meio de mediadores químicos, os neurotransmissores. A sinapse é considerada uma estrutura formada pela membrana pré-sináptica, fenda sináptica e membrana pós-sináptica.

As sinapses ocorrem no "contato" de terminações nervosas, chamadas axônios, usualmente com os dendritos de outro neurônio, mas pode haver contato com o corpo celular e mesmo com outros axônios (menos comum). O contato físico em sinapses químicas não existe realmente, pois há um espaço entre elas, denominado fenda sináptica, onde ocorre a ação dos neurotransmissores. Dos axônios, são liberadas substâncias (neurotransmissores), que atravessam a fenda e estimulam os receptores pós-sinápticos.

A literatura aponta a existência de dois tipos de sinapses neuronais: as sinapses químicas e as elétricas. Ambos os tipos transmitem o potencial de ação para outros neurônios, diferindo apenas no mecanismo de comunicação (químico ou elétrico).

As sinapses químicas constituem a maioria das sinapses presentes no sistema nervoso. Elas consistem numa fenda presente entre o axônio do neurônio que está transmitindo a informação (neurônio pré-sináptico) e o neurônio que receberá uma descarga de neurotransmissores, o receptor (neurônio pós-sináptico).

Quando o impulso nervoso atinge as extremidades do axônio, libertam-se para a fenda sináptica os neurotransmissores, que se ligam aos receptores da membrana da célula seguinte, desencadeando o impulso nervoso que, assim, continua a sua propagação.

A chegada do impulso nervoso até o botão sináptico, que é a parte do neurônio pré-sináptico que irá liberar os neurotransmissores, provocará uma reação de liberação de vesículas sinápticas, carregadas de neurotransmissores. Estas substâncias passarão pela fenda sináptica, atingindo locais receptores dos dendritos dos neurônios pós-sinápticos, o que provavelmente irá gerar um potencial de ação, provocando um impulso nervoso, que passará pelo corpo celular e prosseguirá até o axônio.

Alguns neurônios comunicam-se através de processos menos comuns, as sinapses elétricas, que são junções muito estreitas entre dois neurônios. Essas junções comunicantes são constituídas de proteínas conhecidas como conéxons, que permitem uma continuidade entre as células e dispensam, em grande medida, o uso de neurotransmissores. Este tipo de sinapse reduz muito o tempo de transmissão do impulso elétrico entre os neurônios, sendo a ideal para comportamentos que exigem rapidez de resposta. Organismos como lagostins, que necessitam fugir com velocidade de predadores, realizam sinapses elétricas em vários circuitos.

Outros sistemas que se beneficiam com a sincronização de neurônios também utilizam esse tipo de sinapse, como, por exemplo, neurônios do tronco encefálico, que controlam o ritmo da respiração, e populações de neurônios secretores de hormônios. Essa sincronização facilita a descarga hormonal na corrente sanguínea. Tais junções, também chamadas de abertas, estão presentes em abundância no músculo cardíaco (discos intercalares) e músculo liso (corpos densos).

Todas as ações que executamos são ordenadas pelo sistema nervoso central. A maioria desses atos são devidamente planejados e realizados conscientemente - por exemplo, beber em um copo, escrever, ler, jogar, etc.

Contudo, há outros que simplesmente não são planejados previamente. Por exemplo, se alguém agitar a mão de encontro à nossa cara, a reação instantânea é fechar os olhos. Se tocarmos em alguma coisa muito quente, o instinto é tirar a mão de imediato. Temos também, para ser mais explícitos, o bater do nosso coração, que é um ato completamente automático.

Uma rede neural pode significar um pensamento, uma informação, uma habilidade, que foram ativadas através de sinapses. O cérebro usa essas ligações sinápticas para a formação de redes de informações ou redes neurais.

As redes neurais não agem isoladamente. Elas se conectam umas às outras para a formação de uma complexidade de instruções acerca de determinada ocorrência. Uma rede neural que possui informações sobre uma laranja está em conexão com outra, que contém informações sobre "redonda", "amarela", "casca", etc. Essas conexões nos permitem definir as características e reconhecer uma laranja, quando a vemos, em função das conexões estabelecidas com o córtex visual.

A neurociência afirma que, quando os neurônios são acionados juntos, eles permanecem juntos, ou seja, quando fazemos algo mais de uma vez, criamos uma rede que se estabeleceu pela ativação de um grupo de neurônios que foram estimulados juntos e permanecem assim por mais tempo do que se não houvesse a repetição. Isso é muito bom no que se refere ao mecanismo da aprendizagem; porém, quando se trata de um comportamento indesejável, fica mais complicado para nos livrarmos dele.

Na aprendizagem, o cérebro se utiliza de dois recursos básicos: a memorização e a experiência. Na memorização, nós o alimentamos com dados concretos ou informações intelectuais. Quanto mais estudamos determinado assunto, mais fortalecemos as redes neurais e, à medida que vamos estabelecendo correlações com outros temas, novas redes vão sendo formadas.

No método da experiência, por mais que tenhamos informações intelectuais a respeito de determinada tarefa, só iremos aprender a executá-la quando a experimentamos. Para aprendermos a dirigir, existem diversos livros com informações a respeito, porém, enquanto não nos decidirmos por entrar no carro e executar a ação de dirigir, a informação não ficará integrada.

Levando-se em consideração a possibilidade de os neurônios estabelecerem ligações numa quantidade superior ao número de átomos que existem no universo, surge uma tarefa muito complexa para o cérebro, que é encontrar uma lembrança. Em função disso, surge um recurso que facilita a localização de lembranças nas intricadas atividades das redes neurais: referimo-nos às emoções. Até certo ponto, elas são formadas em redes neurais que podem estabelecer conexões com outras redes; essas diversas conexões facilitam o encontro, em primeiro lugar, das lembranças mais importantes.

As redes neurais das emoções, que constituem um dos tipos de conexões possíveis nas associações neurais, estão em conexão com um órgão no cérebro conhecido como hipotálamo, que tem como função processar proteínas e sintetizar os neuropeptídios, também chamados de neuro-hormônios. Os hormônios têm uma função muito importante no nosso organismo, que é nos preparar para a ação. Sendo assim, entendemos o fato de que as emoções dificultam a avaliação dos acontecimentos, fazendo com que, na maioria das vezes, nos relacionemos com novas experiências ou acontecimentos tomando como base uma série de armazenamos neurais que foram estruturados em experiências passadas. Tratamos o novo como se fosse o mesmo de sempre. Assim, quando uma rede neural é ativada e se associa a outras, e surge a emoção no conjunto de elementos identificadores de determinadas lembranças, o hipotálamo é ativado e envia informações para a glândula pituitária realizar a tarefa de derramar na corrente sanguínea os neuropeptídeos já sintetizados, a fim de serem capturados pelos receptores celulares que produzirão reações específicas a nível físico. Temos, dessa forma, uma íntima relação entre o mundo das emoções e o das sensações.

Como o corpo físico foi criado para levar um Espírito encarnado em busca da sua iluminação interior, o cérebro, em função de sua neuroplasticidade, tem permitido um intercâmbio entre esses dois mundos de uma forma que amplia cada vez mais a ação do espiritual sobre o material. A sede das emoções está no Espírito, que, por sua vez, utiliza-se das redes neurais para se manifestar, a nível físico, por meio das sensações.

"O cérebro é capaz de milhões de coisas diferentes, e as pessoas realmente deveriam saber como suas mentes são incríveis. Temos dentro de nossas cabeças essa coisa inacreditável que pode não só fazer tantas coisas por nós e nos ajudar a aprender, como também mudar e se adaptar e nos transformar em algo melhor do que somos. Ele pode nos ajudar a transcender a nós mesmos.

E talvez, de alguma forma, ele possa nos conduzir a um nível mais elevado de nossa existência, no qual entendamos mais a fundo o mundo e nosso relacionamento com as coisas e as pessoas e, no fim das contas, possamos ser mais significativos para nós mesmos e nosso mundo. Há uma parte espiritual no nosso cérebro - e é uma parte à qual todos podemos ter acesso; é algo que todos podemos fazer." (Andrew Newberg)

Capítulo 3

VIAGEM AO INCONSCIENTE

"O sonho é a estrada real que conduz ao inconsciente."(Sigmund Freud)

"Inconsciente", do latim *inconscius,* é um termo relativo à Psicologia, com dois significados distintos. Em um sentido amplo, mais genérico, é o conjunto dos processos mentais que se desenvolvem sem intervenção da consciência. O segundo significado, mais específico, provém da teoria psicanalítica e designa uma forma específica de como o inconsciente (em sentido amplo) funciona. Enquanto a maior parte dos pesquisadores empíricos está de acordo em admitir a existência de processos mentais inconscientes (ou seja, do inconsciente em sentido amplo), o modelo psicanalítico tem sido alvo de muitas críticas, sobretudo de pesquisadores da Psicologia cognitiva. Para evitar a confusão entre os significados, alguns autores preferem utilizar o adjetivo "não consciente" no primeiro significado, reservando o adjetivo "inconsciente" para o significado psicanalítico.

O conceito de Inconsciente é ponto central da teoria psicanalítica, a sua pedra angular, na qual se concentra toda a descoberta freudiana. O inconsciente define um *complexo psíquico* (conjunto de fatos e processos psíquicos) de natureza praticamente insondável, misteriosa, obscura, de onde brotariam as paixões, o medo, a criatividade e a própria vida e a morte.

Freud, através de sua experiência clínica, afirma que o psiquismo não se reduz ao consciente e que certos conteúdos só são acessíveis à consciência após serem superadas certas resistências. Revelou que a vida psíquica é povoada de pensamentos eficientes, embora inconscientes, de onde se originavam os sintomas. Freud localiza o inconsciente não como um lugar anatômico, mas um lugar psíquico, com conteúdos, mecanismos e uma energia específica. O inconsciente abrange tanto atos que são meramente latentes - temporariamente inconscientes, mas que em nenhum outro aspecto diferem dos atos conscientes -, quanto processos tais como os recalcados, que, caso se tornassem conscientes, estariam propensos a sobressair num contraste mais grosseiro com o restante dos processos. Esses conteúdos recalcados estão submetidos à lógica do inconsciente; aqui, Freud está diferenciando o inconsciente adjetivo do topográfico. Esse inconsciente tópico encarado como uma instância psíquica é a grande descoberta de Freud, o que vem a separar definitivamente a Psicanálise das outras áreas do saber, principalmente da Psiquiatria, da Neurologia e da Psicologia.

Freud não foi o primeiro autor do seu tempo a falar em inconsciente, em pensamentos ou componentes inconscientes, mas foi o primeiro a não falar em inconsciente de forma puramente adjetiva para designar apenas aquilo que não era consciente; em Freud, inconsciente designa um sistema psíquico independente da consciência e dotado de atividade própria, com suas próprias leis e regras.

Quem formulou uma noção de inconsciente mais próxima da de Freud foi Herbart, mas a ideia de inconsciente formulada por ele não é uma instância psíquica distinta, mas designava apenas ideias que continuavam ativas mesmo depois de serem inibidas.

Em muitos textos freudianos, o inconsciente é assimilado ao recalcado, porém, reserva-se um lugar para conteúdos inatos, que constituem o núcleo do inconsciente. Os conteúdos do inconsciente são os representantes da pulsão que estão fixados em fantasias, histórias imaginárias, concebidas como manifestações do desejo, que é um dos polos do conflito defensivo. Freud propõe explicar o funcionamento do aparelho psíquico como uma construção tópica. Assim sendo, de acordo com o lugar que ocupa dentro do aparelho psíquico, o inconsciente só pode ter acesso à consciência por meio do sistema Pré-Consciente/Consciente.

Até mesmo depois das formulações de inconsciente estabelecidas por Freud, ele ainda continuou a ser identificado com o caos, o mistério, o inefável, o ilógico, sem nenhuma compreensão. O inconsciente não é o que fica abaixo da consciência; ele possui uma formação própria, é uma forma e não uma coisa ou um lugar. É uma lei de articulação. A consciência e o inconsciente têm formas diferentes, gramáticas diferentes para submeter seus conteúdos. O que define consciente e inconsciente não são seus conteúdos, mas o modo segundo o qual cada um dos dois sistemas opera, impondo a seus conteúdos determinadas formas.

Nos livros *Psicopatologia da Vida Cotidiana* e *A Interpretação dos Sonhos*, Sigmund Freud (1856-1939) mostra que há um significado nos esquecimentos e outros atos falhos e nos sonhos, que não está, em geral, aparente de imediato. O fato de haver esse significado, mas que, ao mesmo tempo, ele não seja transparente ao indivíduo, sugere que o que consideramos nossa mente é como uma ponta de um iceberg. A parte submersa seria, então, o inconsciente.

O conceito de inconsciente de Carl Gustav Jung se contrapõe ao conceito de subconsciente ou pré-consciente de Freud. O pré-consciente seria o conjunto de processos psíquicos latentes, prontos a emergirem para se tornarem objetos da consciência. Assim, o subconsciente poderia ser explicado pelos conteúdos que fossem aptos a se tornarem conscientes (determinismo psíquico). Já o inconsciente seria uma esfera ainda mais profunda e insondável.

O inconsciente não se confunde com o id. Este é, em pequena parte, consciente, enquanto o ego e o superego possuem porções inconscientes.

Jung separou o inconsciente pessoal do inconsciente coletivo. Hoje, não existe consenso sobre se realmente existe um inconsciente coletivo, igual ou distribuído igualmente entre todas as culturas e povos. Mas os estudos de mitologia e religião comparada, de todos os povos e de todas as épocas da humanidade, oferecem fortes indícios e conferem força a esse modelo. Podemos citar um grande nome nessa área, Joseph Campbell, autor do livro *O Poder do Mito*. Seus estudos reforçam o modelo de inconsciente coletivo de Jung.

Para Meneghetti, iniciador da escola ontopsicológica, o inconsciente é o quântico da vida e de inteligência por meio do qual nós existimos, mas não conhecemos, isto é, do qual não temos alguma reflexão consciente. É uma parte da vida e da inteligência do homem: é o quântico de vida psíquica e somática que o indivíduo é, mas do qual não é consciente, e que age de qualquer modo para além da lógica da consciência.

O simbolismo onírico e o acesso que obteve da visão do inconsciente através de uma autoanálise possibilitaram a Freud a elaboração de sua magistral obra *A Interpretação dos Sonhos* (1900). Até o momento, muito se tem especulado a respeito dos motivos que o levaram a realizar essa tão fantástica viagem que modificou diversos padrões de interpretações das atividades humanas.

Freud possuía uma grande tendência a se lançar nas pesquisas inovadoras buscando novas argumentações, utilizando-se de métodos pouco ortodoxos, às vezes, já que o seu interesse maior estava centrado nas questões do inconsciente humano.

Diferentemente da maioria de seus seguidores, Freud era detentor de uma disciplina científica que lhe garantia uma reputação como grande pesquisador e neurologista. A utilização de métodos que eram considerados fora dos padrões vigentes deve-se ao caráter do assunto que se estava analisando no caso em apreço: o inconsciente.

Nos idos de 1880, Freud fez as primeiras experiências com a cocaína, com o intuito de debelar certos males orgânicos apresentados por certos indivíduos. Vale ressaltar que, até então, esse alcaloide não havia se disseminado como elemento de uso generalizado que viria a gerar uma legião de dependentes.

Em abril de 1884, a noiva de Freud recebeu dele uma carta nos seguintes termos:

"Estou às voltas com um projeto e uma esperança sobre os quais agora quero falar com você. Talvez não deem em nada. Trata-se de uma experiência terapêutica. Estou lendo sobre a cocaína, o ingrediente das folhas da coca, que muitas tribos índias mascam a fim de resistir melhor à fome e ao cansaço. Um médico alemão testou o produto em soldados e reconheceu que, de fato, ele os tornou mais fortes e resistentes. Encomendei algumas doses e, por motivos óbvios, vou experimentá-las nas doenças cardíacas, mais tarde na exaustão nervosa e, particularmente, na terrível condição subsequente à supressão da morfina..." (*As Experiências de Freud* - Jurgen Von Scheidt, 1ª Ed., Editora Arte Nova)

Diversos autores defendem a tese de que o uso da cocaína tenha sido um dos elementos que levaram o grande pesquisador a penetrar nos arquivos do inconsciente. Tudo leva a crer que isso tenha ocorrido com o pai da Psicanálise. Percebemos toda a gama de imagens simbólicas que surgem como elemento vivo na elaboração de um processo interpretativo das ocorrências nesse estado de visão do Espírito, muitas vezes mesclado a questões do seu próprio psiquismo.

Define o dicionário que Psicanálise "é o método de tratamento das desordens mentais e emocionais mediante profunda investigação psicológica dos processos mentais." (*Minidicionário Aurélio* - Aurélio Buarque de Holanda Ferreira, 2ª Ed., Editora Nova Fronteira).

É notória a integração entre a Psicanálise e as práticas médicas na atualidade. Essa integração não ocorria no início dos labores psicanalíticos, vindo a ocorrer após uma transformação sofrida principalmente no modo de percepção dos psicanalistas, que não sabiam definir, a priori, se a Psicanálise era uma matéria que deveria ser considerada isoladamente ou não. Ocorre, porém, que os "processos psicológicos são funções dos sistemas biológicos e influenciam fenômenos fisiológicos como o pranto, a respiração, a ruborização e a secreção do suco gástrico. Além disso, várias doenças se manifestam através de perturbações mentais, como as psicoses e psiconeuroses." (*Fundamentos da Psicanálise* - Franz Alexander, 2ª Ed., Zahar Editores)

O sonho é uma experiência que possui significados distintos se for ampliada para um debate que envolva religião, ciência e cultura. Para a ciência, é uma experiência de imaginação do inconsciente durante nosso período de sono. Os sonhos noturnos são gerados na busca pela realização de um desejo reprimido. Recentemente, descobriu-se que até os bebês ainda no útero têm sono REM (movimentos rápidos dos olhos) e sonham, mas não se sabe com o quê. Em diversas tradições culturais e religiosas, ao sonho são atribuídos poderes premonitórios ou até mesmo uma expansão da consciência.

Foi em 1900, com a publicação de *A Interpretação dos Sonhos*, que Sigmund Freud deu um caráter científico ao tema. Nesse polêmico livro, Freud aproveita o que já havia sido publicado anteriormente e faz investidas completamente novas, definindo o conteúdo do sonho como, geralmente, a "realização de um desejo". Para o pai da Psicanálise, no enredo onírico há o sentido manifesto (a fachada) e o sentido latente (o significado), este último realmente importante. A fachada seria um despiste do superego (o censor da psique, que escolhe o que se torna consciente dentre os conteúdos inconscientes), enquanto o sentido latente, por meio da interpretação simbólica, revelaria o desejo do sonhador por trás dos aparentes.

Com as informações oferecidas pela Doutrina Espírita, o conceito de inconsciente sofreu uma ampliação. Na visão meramente psicanalítica, o nosso inconsciente começa a se formar a partir de experiências forjadas nas atividades que desenvolvemos na atual existência, até porque a Psicanálise não aceita a pré-existência do Espírito e suas existências anteriores. Encharcamos, então, os nossos subconsciente e inconsciente com uma gama de informações captadas nos envolvimentos realizados no aqui e agora. Dessa maneira, segundo a Psicanálise, todas as projeções do inconsciente e do subconsciente sobre o mecanismo da consciência contêm apenas informações procedentes de atividades desenvolvidas na existência atual. Os sonhos, dentro de uma abordagem psicanalítica, apresentam somente imagens que estejam registradas nos arquivos da mente humana e na atual existência. Por esse motivo, a Psicanálise não consegue explicar todas as ocorrências oníricas.

Numa visão mais ampla, o inconsciente possui arquivos de todas as nossas atividades realizadas em existências pregressas. Ele é um reservatório de informações muito mais amplo do que foi concebido até então pela Psicanálise. Pelo fato de termos experimentado diversas existências materiais e também experiências no mundo espiritual, nos intervalos entre reencarnações, o nosso psiquismo foi encharcado com uma gama de informações que se apresenta como um patrimônio inalienável e intransferível do Espírito. Podemos inclusive considerar que o inconsciente se apresenta constituído de duas partes: o passado e o atual. Apesar de não haver, tecnicamente falando, uma divisão exata, podemos entender que existem arquivos relativos às nossas experiências de outras existências e arquivos da atual.

Em se tratando de projeções no inconsciente passado durante o sono fisiológico, através dos sonhos, a nossa viagem no tempo alcança dimensões muito maiores do que poderíamos imaginar. Se mergulharmos profundamente no nosso psiquismo, no qual os registros de outras existências se mantêm intactos, estaremos alcançando informações de fatos ocorridos até mesmo há milhares de anos, em locais muito diversos dos quais nos encontramos hoje, em estruturas culturais e sociais muitas vezes bem distintas das atuais. Essa possibilidade existe em face da via de comunicação que se estabelece entre o inconsciente e o consciente, durante a manifestação onírica, conforme estabelece a Psicanálise.

Durante o processo da emancipação da alma, em que o Espírito se semidesprende do corpo físico, permanecendo ligado a ele por prolongamentos do corpo espiritual, ocorre uma condição em que o Espírito não está sofrendo uma interferência tão acentuada por parte da matéria que constitui o corpo. Isso permite uma maior liberdade ao Espírito não só em termos de deslocamento pelo mundo espiritual, mas também uma maior facilidade de acessar os arquivos passados que se encontram armazenados no seu perispírito, ou corpo espiritual. Portanto, o inconsciente encontrou na Doutrina Espírita a sua sede, deixou de estar no campo de um departamento da mente humana, sem local definido, para ser encontrado como registros bem definidos num componente vital para a manutenção da individualidade do ser espiritual, que é o seu corpo, formado de elementos que variam de sutileza em função dos avanços que haja alcançado na sua senda evolutiva.

É verdade que, em determinado momento da evolução do Espírito, a integração entre ele e o seu corpo sutil torna-se plena, a ponto de não termos condições, no momento, de diferenciar um do outro. Mas mesmo nessa condição de total simbiose entre eles, o inconsciente guarda local nas malhas perispirituais do ser, guardando os registros psíquicos em regiões cada vez mais plenas de potenciação de informações.

Capítulo 4

No Mundo de Freud e Jung

Sigismund Schlomo Freud (Příbor, 6 de maio de 1856 - Londres, 23 de setembro de 1939), mais conhecido como Sigmund Freud, formou-se em Medicina e especializou-se em Neurologia, tendo, logo a seguir, criado a Psicanálise. Freud nasceu numa família judaica, em Freiberg in Mähren, na época pertencente ao Império Austríaco; atualmente, a localidade é denominada Příbor e está localizada na República Tcheca.

Freud iniciou seus estudos com a utilização da técnica da hipnose como forma de acesso aos conteúdos mentais no tratamento de pacientes com histeria. Ao observar a melhora de pacientes de Charcot, elaborou a hipótese de que a causa da doença era psicológica, não orgânica - hipótese que serviu de base para seus outros conceitos, como o do inconsciente. Freud também é conhecido por suas teorias dos mecanismos de defesa, repressão psicológica e por desenvolver a utilização clínica da Psicanálise como tratamento da Psicopatologia, por meio do diálogo entre o paciente e o psicanalista. Freud acreditava que o desejo sexual era a energia motivacional primária da vida humana, assim como suas técnicas terapêuticas. Ele abandonou o uso de hipnose em pacientes com histeria em favor da interpretação de sonhos e da livre associação como vias de acesso ao inconsciente.

Suas teorias e seus métodos de tratamento de seus pacientes foram considerados controversos na Viena do século XIX e continuam a ser muito debatidos hoje. Suas ideias são frequentemente discutidas e analisadas como obras de literatura e cultura geral, em adição ao contínuo debate ao redor delas em relação ao uso como tratamento científico e médico.

Aos quatro anos de idade, sua família transferiu-se para Viena por problemas financeiros e de saúde. Morou em Viena até 1938, quando, após o Anschluss (em razão de sua etnia judaica), refugiou-se na Inglaterra, onde já se encontrava parte de sua família.

Freud ingressou na Universidade de Viena aos 17 anos. Ele planejava estudar Direito, mas, ao invés disso, entrou para a faculdade de Medicina, onde seus estudos incluíram Filosofia, com o professor Franz Brentano, Fisiologia, com o professor Ernst Brucke, Zoologia, com o professor darwinista Carl Friederich Claus. Em 1876, Freud passou quatro semanas na estação zoológica de Claus em Trieste, dissecando o sistema reprodutor masculino de centenas de enguias, num estudo que se revelou inconclusivo. Graduou-se em medicina em 1881.

Sigmund Freud é filho de Jacob Freud e de sua terceira mulher, Amalie Nathanson (1835-1930). Jacob, um judeu proveniente da Galícia e comerciante de lã, mudou-se para Viena em 1860.

Os primeiros anos de Freud são pouco conhecidos, já que ele destruiu seus escritos pessoais em duas ocasiões: a primeira em 1885, e novamente em 1894. Além disso, seus escritos posteriores foram protegidos cuidadosamente nos Arquivos de Sigmund Freud, aos quais só tinham acesso Ernest Jones (seu biógrafo oficial) e uns poucos membros do círculo da Psicanálise. O trabalho de Jeffrey Moussaieff Masson pôs alguma luz sobre a natureza do material oculto.

Em 14 de Setembro de 1886, em Hamburgo, Freud casou-se com Martha Bernays. Tiveram seis filhos: Mathilde, nascida em

1887, Jean-Martin, nascido em 1889, Olivier, nascido em 1891, Ernst, nascido em 1892, Sophie, nascida em 1893, e Anna, nascida em 1895. Um deles, Martin Freud, escreveu uma memória intitulada *Freud: Homem e Pai*, na qual descreve o pai como um homem que trabalhava extremamente, por longas horas, mas que adorava ficar com suas crianças durante as férias de verão.

Anna Freud, filha de Freud, foi também uma psicanalista destacada, particularmente no campo do tratamento de crianças e do desenvolvimento psicológico. Sigmund Freud foi avô do pintor Lucian Freud e do ator e escritor Clement Freud, e bisavô da jornalista Emma Freud, da desenhista de moda Bella Freud e do relações-públicas Matthew Freud.

Por sua vida inteira, Freud teve uma posição financeira modesta. Josef Breuer foi, no início, um aliado de Freud em suas ideias e também um apoiador financeiro.

Freud criou o termo "Psicanálise" para designar um método de investigar os processos inconscientes, de outro modo inacessíveis, do psiquismo.

Nos tempos do nazismo, Freud perdeu quatro irmãs (Rosa, Dolfi, Paula, e Marie Freud). Embora Marie Bonaparte tenha tentado retirá-las do país, elas foram impedidas de sair de Viena pelas autoridades nazistas e morreram nos campos de concentração de Auschwitz e de Theresienstadt.

Freud inicia os estudos na universidade aos 17 anos, os quais tomam-lhe inesperadamente bastante tempo até a graduação, em 1881. Registros de amigos que o conheciam naquela época, assim como informações nas próprias cartas escritas por Freud, sugerem que ele foi menos diligente nos estudos de Medicina do que devia ter sido. Em lugar dos estudos, ele atinha-se à pesquisa científica, inicialmente por meio de estudos dos órgãos sexuais de enguias — um estranho, mas interessante presságio das teorias psicanalíticas que estariam por vir 20 anos mais tarde. De acordo com os registros, Freud completa tal estudo satisfatoriamente, mas sem distinção especial. Em 1877, desapontado com os resultados e talvez menos excitado em enfrentar mais dissecações de enguias, Freud vai ao laboratório de Ernst Brücke, que se torna seu principal modelo na ciência.

Com Brücke, Freud entra em contato com a linha fisicalista da Fisiologia. O interesse de Brücke não era apenas descobrir as estruturas de órgãos ou células particulares, mas sim suas funções. Dentre as atribuições de Freud, nesta época, estavam o estudo da anatomia e da histologia do cérebro humano. Durante os estudos, identificou várias semelhanças entre a estrutura cerebral humana e a de répteis, o que o remete ao então recente estudo de Charles Darwin sobre a evolução das espécies e à discussão da "superioridade" dos seres humanos sobre outras espécies.

Freud, então, conheceu Martha Bernays, e pareceu ter sido amor à primeira vista. O seu desejo de desposar Martha, o baixo salário e as poucas perspectivas de carreira na pesquisa científica fizeram-no abandonar o laboratório e a começar a trabalhar no Hospital Geral, o principal hospital de Viena, passando por vários departamentos dele. O próprio Brücke aconselhou-o a mudar, apesar de seu bom desempenho - e com razão, já que Freud precisava ganhar dinheiro.

No hospital, depois de algumas desilusões com o estudo dos efeitos terapêuticos da cocaína - houve, inclusive, um episódio de morte por overdose de um amigo da época do laboratório de Brücke -, Freud recebe uma licença e viaja para a França, onde trabalha com Charcot, um respeitável psiquiatra do hospital psiquiátrico Saltpêtrière que estudava a histeria.

De volta ao Hospital Geral e entusiasmado com os estudos de Charcot, Freud passa a atender, na maior parte, jovens senhoras judias que sofriam de um conjunto de sintomas aparentemente neurológicos que compreendiam paralisia, cegueira parcial, alucinações e perda de controle motor, não podiam ser diagnosticados com exames. O tratamento mais eficaz para tal doença incluía, na época, massagem, terapia de repouso e hipnose.

Apenas em setembro de 1886 Freud casa-se com Martha Bernays, com a ajuda financeira de alguns amigos mais abastados - dentre eles Josef Breuer, um colega mais velho da faculdade de Medicina. Foi com as discussões de casos clínicos com Breuer que surgiram as ideias que culminaram na publicação dos primeiros artigos sobre a Psicanálise.

O primeiro caso clínico relatado deve-se a Breuer e descreve o tratamento dado a uma paciente (Bertha Pappenheim, chamada de "Anna O." no livro), que demonstrava vários sintomas clássicos de histeria. O método de tratamento consistia na chamada "cura pela fala" ou "cura catártica", na qual o ou a paciente discute sobre as suas associações com cada sintoma e, com isso, os faz desaparecer. Esta técnica tornou-se o centro das técnicas de Freud, que também acreditava que as memórias ocultas ou "reprimidas" nas quais se baseavam os sintomas de histeria eram sempre de natureza sexual. Breuer não concordava com Freud neste último ponto, o que levou à separação entre eles logo após a publicação dos casos clínicos.

Na verdade, inicialmente, a classe médica em geral acabou por marginalizar as ideias de Freud; seu único confidente durante esta época era o médico Wilhelm Fliess. Depois que o pai de Freud faleceu, em outubro de 1896, segundo as cartas recebidas por Fliess, Freud, naquele período, dedicou-se a anotar e analisar seus próprios sonhos, remetendo-os à sua própria infância e, no processo, determinando as raízes de suas próprias neuroses. Tais anotações tornam-se a fonte para a obra *A Interpretação dos Sonhos*. Durante o curso desta autoanálise, Freud chega à conclusão de que seus próprios problemas eram devidos a uma atração por sua mãe e a uma hostilidade em relação ao seu pai. É o famoso "Complexo de Édipo", que se torna o coração da teoria de Freud sobre a origem da neurose em todos os seus pacientes.

Essa concepção de que a base do pensamento freudiano está no Complexo de Édipo é contestada por Bruno Bettelheim. Este foi um profundo conhecedor de Freud e informa, baseado nas Metamorfoses de Apuléio, que a base do pensamento de Freud está na paixão desenvolvida por Amor, filho de Júpiter, por Psique, filha de Vênus (Afrodite) - estas eram as filhas do Rei Lear de *Mercador de Veneza,* participantes do julgamento de

Páris, no qual Psique era a mais bela. Mesmo tendo sido corrompido por Vênus e tendo Páris a feito vencedora, a formosura de Psique a tornou mais venerada do que Vênus.

Vênus beijou longamente e ardorosamente Amor para que este destruísse Psique, mas este se apaixonou por ela e pediu ajuda a Júpiter, que a aceitou como noiva do seu filho. Conforme ensina Bruno Bettelheim "Em alguns aspectos, a história de Amor e Psique é uma réplica de Édipo, mas existem importantes diferenças" (in *Freud e a Alma Humana*, 14. ed. 2008, pág. 27). Ocorre que o controle dos instintos faz o final de Amor e Psique feliz, enquanto o do Rei Édipo terminou em tragédia.

O exposto evidencia que a base do pensamento de Freud não está no complexo de Édipo porque este não soube controlar seus sentimentos e agiu contra a natureza, mas em Amor e Psique ou Alma.

Nos primeiros anos do século XX, são publicadas suas obras *A Interpretação dos Sonhos* e *A Psicopatologia da Vida Cotidiana*. Nesta época, Freud já não mantinha mais contato nem com Josef Breuer, nem com Wilhelm Fliess. No início, as tiragens das obras não animavam Freud, mas logo médicos de vários lugares - Eugen Bleuler, Carl Jung, Karl Abrahams, Ernest Jones, Sandor Ferenczi -, mostram respaldo às suas ideias e passam a compor o Movimento Psicanalítico.

Freud morre de câncer no palato aos 83 anos de idade (passou por trinta e três cirurgias). Supõe-se que tenha morrido de uma overdose de morfina. Freud sentia muita dor, e segundo a história contada, ele teria dito ao médico que lhe aplicasse uma dose excessiva para terminar com o sofrimento, o que seria eutanásia.

Em suas teorias, Freud afirma que os pensamentos humanos são desenvolvidos, obtendo acesso à consciência por processos diferenciados, relacionando tal ideia à de que a sistemática do nosso cérebro trabalha essencialmente com o campo da semântica, isto é, a mente desenvolve os pensamentos num sistema intrincado de linguagem baseados em imagens, as quais são meras representações de significados latentes.

O fenômeno representacional psíquico está relacionado ao sistema nervoso humano. As representações, segundo Freud, são analógicas e imagéticas. Estas se inter-relacionam através de redes associativas. As redes associativas das representações são provenientes do processo fisiológico cerebral, o qual se baseia em uma rede de neurônios. Esse processo ocorre através de um mecanismo reflexo: a informação parte por uma rede associativa de neurônios até chegar à região motora e sensorial. Ela provoca então, modificações nas células centrais, causando a formação das representações.

Enquanto elementos, as representações são originadas da percepção sensorial do indivíduo. São unidades mentais tanto de objetos, como de situações, sensações, relações.

A representação de objeto, também chamada de representação da "coisa", é "... um complexo de associações, formado por uma grande variedade de apresentações visuais, acústicas, táteis, sinestésicas e outras", de acordo com Freud.

As emoções, por exemplo, são processos de descarga de energia, que são percebidos como os sentimentos. São as chamadas representações imagéticas, que não formam imagens psíquicas, e sim traços mnésicos de sensações.

É preciso destacar que as relações entre as representações não são a demonstração e a manifestação dos sentimentos, dos afetos, das emoções. A relação entre os tipos de representação forma as ideias, ou seja, as relações associativas contidas nas representações de objeto (captadas pelos processos perceptivos) formam os complexos de sensações associados dando origem a uma representação completa. Portanto, um único objeto representado na mente é constituído por seus vários aspectos sensoriais da realidade externa: cor, gosto, textura, cheiro e coisas do gênero.

Segundo Freud, o processo de pensamento é a ativação ou inibição dos complexos de sensações associadas que tornam possível o fenômeno representacional psíquico, o que se dá através da energia que flui no sistema nervoso pelos sistemas de neurônios. Podemos distinguir, neste processamento, um primário e um secundário.

Associado ao inconsciente, o processamento primário do pensamento é aquele que dirige ações imediatas ou reflexas, estando relacionado, assim, ao prazer, ao emocional do indivíduo e ao fenômeno de arco reflexo. Nele, a energia presente no aparelho mental flui livremente pelas representações, do polo do estímulo ao da resposta.

O processo de pensamento secundário, por outro lado, está associado ao pré-consciente, também chamado de "ação interiorizada" ou, ainda, de "processo racional do pensamento". Nele, o escoamento de energia mental fica retido, só acontecendo após uma série de associações, as quais refletem no aparelho psíquico. As ações decorrentes dessa forma de processamento devem ser tomadas com base no mundo externo, no contexto em que a pessoa se encontra e em seus objetivos. Assim, ao contrário da energia do processo primário, que é livre, a energia do secundário é condicional.

Em diversas obras, como *A Interpretação dos Sonhos, A Psicopatologia da Vida Cotidiana* e *Os Chistes e suas Relações com o Inconsciente,* Freud não só desenvolve sua teoria sobre o inconsciente da mente humana, como também articula o conteúdo do inconsciente ao ato da fala, especialmente aos atos falhos.

Para Freud, a consciência humana subdivide-se em três níveis: Consciente, Pré-Consciente e Inconsciente. O primeiro contém o material perceptível; o segundo, o material latente, mas passível de emergir à consciência com certa facilidade; e o terceiro contém o material de difícil acesso, isto é, o conteúdo mais profundo da mente do homem, que está ligado aos instintos primitivos.

Os níveis de consciência estão distribuídos entre as três entidades que formam a mente humana, ou seja, o Id, o Ego e o Superego.

Segundo Freud, o conteúdo do inconsciente é, muitas vezes, reprimido pelo Ego. Para driblar a repressão, as ideias inconscientes apelam aos mecanismos definidos por Freud, em sua obra *A Interpretação dos Sonhos*, como deslocamento e condensação. Estes dois, mais tarde, seriam relacionados por Jacobson à metonímia e à metáfora, respectivamente.

Portanto, as representações de ideias inconscientes manifestam-se nos sonhos como símbolos imagéticos, tanto metafóricos quanto metonímicos. Aplicando o conceito à fala, o inconsciente consegue expelir ideias recalcadas através dos chistes ou atos falhos. Freud propõe que as piadas ou as "trocas de palavras por acidente" nem sempre são inócuas. Antes, são mecanismos da fala que articulam ideias aparentes com ideias reprimidas, são meios pelos quais é possível exprimir os instintos primitivos.

Semelhante à análise dos sonhos, a análise da fala seria um caminho psicanalítico para investigar os desejos ocultos do homem e as causas das psicopatologias.

"É na palavra e pela palavra que o inconsciente encontra sua articulação essencial."

Deste modo, Freud cria uma inter-relação entre os campos da linguística e da Psicanálise, as quais serão retomadas por estudiosos posteriores, como Jacques-Marie Émile Lacan.

Freud inovou em dois campos. Simultaneamente, desenvolveu uma teoria da mente e da conduta humana, e uma técnica terapêutica para ajudar pessoas afetadas psiquicamente. Alguns de seus seguidores afirmam estar influenciados por um, mas não pelo outro campo.

Provavelmente a contribuição mais significativa que Freud fez ao pensamento moderno é a de tentar dar ao conceito de inconsciente um status científico (não compartilhado por várias áreas da ciência e da Psicologia). Seus conceitos de inconsciente, desejos inconscientes e repressão foram revolucionários; propõem uma mente dividida em camadas ou níveis, dominada em certa medida por vontades primitivas que estão escondidas sob a consciência e que se manifestam nos lapsos e nos sonhos.

Em sua obra mais conhecida, *A Interpretação dos Sonhos*, Freud explica o argumento para postular o novo modelo do inconsciente e desenvolve um método para conseguir o acesso ao mesmo, tomando elementos de suas experiências prévias com as técnicas de hipnose.

Como parte de sua teoria, Freud postula também a existência de um pré-consciente, que descreve como a camada entre o consciente e o inconsciente (o termo subconsciente é utilizado popularmente, mas não é parte da terminologia psicanalítica). A repressão em si tem grande importância no conhecimento do inconsciente. De acordo com Freud, as pessoas experimentam repetidamente pensamentos e sentimentos que são tão dolorosos que não podem suportá-los. Tais pensamentos e sentimentos (assim como as recordações associadas a eles) não podem ser expulsos da mente, mas, em troca, são expulsos do consciente para formar parte do inconsciente.

Embora ao longo de sua carreira Freud tenha tentado encontrar padrões de repressão entre seus pacientes que derivassem em um modelo geral para a mente, ele observou que pacientes diferentes reprimiam fatos diferentes. Observou ainda que o processo da repressão é em si mesmo um ato não consciente (isto é, não ocorreria através da intenção dos pensamentos ou sentimentos conscientes). Em outras palavras, o inconsciente era tanto causa como efeito da repressão.

Como um pesquisador da área médica, Freud foi um dos primeiros usuários e proponentes da cocaína como um estimulante, bem como analgésico. Ele escreveu vários artigos sobre as qualidades antidepressivas do medicamento e foi influenciado por seu amigo e confidente Wilhelm Fliess, que recomendou a cocaína para o tratamento da "neurose nasal reflexa". Fliess operou Freud e o nariz de vários pacientes de Freud que ele acreditava estarem sofrendo do transtorno, incluindo Emma Eckstein, cuja cirurgia foi desastrosa.

Freud achava que a cocaína iria funcionar como uma panaceia para muitos transtornos e escreveu um artigo científico bem recebido, *On Coca,* explicando as suas virtudes. Prescreveu-o para seu amigo Ernst von Fleischl-Marxowpara ajudá-lo a superar o vício da morfina que tinha adquirido ao tratar uma doença do sistema nervoso.

Freud procurou uma explicação à forma de operar do inconsciente, propondo uma estrutura particular. No primeiro tópico recorre à imagem do "iceberg" em que o consciente corresponde à parte visível, e o inconsciente corresponde à parte não visível, ou seja, a parte submersa do "iceberg". De sua teoria ele estava preocupado em estudar o que levava à formação dos sintomas psicossomáticos (principalmente a histeria, por isso apenas os conceitos de inconsciente, pré-consciente e consciente eram suficientes). Quando sua preocupação se virou para a forma como se dava o processo da repressão, passou a adotar os conceitos de id, ego e superego.

O Id representa os processos primitivos do pensamento e constitui, segundo Freud, o reservatório das pulsões, dessa forma toda energia envolvida na atividade humana seria advinda do Id. Inicialmente, considerou que todas essas pulsões seriam ou de origem sexual ou atuariam no sentido de autopreservação. Posteriormente, introduziu o conceito das pulsões de morte, que atuariam no sentido contrário ao das pulsões de agregação e preservação da vida. O Id é responsável pelas demandas mais primitivas e perversas.

O Ego permanece entre ambos, alternando nossas necessidades primitivas e nossas crenças éticas e morais. É a instância na qual se inclui a consciência. Um eu saudável proporciona a habilidade para adaptar-se à realidade e interagir com o mundo exterior de uma maneira que seja cômoda para o id e o superego.

O Superego, a parte que contra-age ao id, representa os pensamentos morais e éticos internalizados.

Freud estava especialmente interessado na dinâmica destas três partes da mente. Argumentou que essa relação é influenciada por fatores ou energias inatas, que chamou de pulsões. Descreveu duas pulsões antagônicas: Eros, uma pulsão sexual com tendência à preservação da vida, e Tanatos, a pulsão da morte, que levaria à segregação e destruição de tudo o que é vivo. Ambas as pulsões não agem de forma isolada, estão sempre trabalhando em conjunto. Como no exemplo da alimentação, embora haja pulsão de vida presente, afinal, a finalidade de se alimentar é a manutenção da vida, existe também a pulsão de morte, pois é necessário que se destrua o alimento antes de ingeri-lo, e aí está um elemento agressivo, de segregação.

Freud também acreditava que a libido amadurecia nos indivíduos por meio da troca de seu objeto (ou objetivo). Argumentava que os humanos nascem "polimorficamente perversos", no sentido de que uma grande variedade de objetos possa ser uma fonte de prazer, sem ter a pretensão de se chegar à finalidade última, ou seja, o ato sexual. O desenvolvimento psicossexual ocorreria em etapas, de acordo com a área na qual a libido está mais concentrada: a etapa oral (exemplificada pelo prazer dos bebês ao chupar a chupeta, que não tem nenhuma função vital, que não a de proporcionar prazer), a etapa anal (exemplificada pelo prazer das crianças ao controlar sua defecação), e logo a etapa fálica (que é demonstrada pela manipulação dos órgãos genitais). Até então se percebe que a libido é voltada para o próprio ego, ou seja, a criança sente prazer consigo mesma. O primeiro investimento objetal da libido, segundo Freud, ocorreria no progenitor do sexo oposto, fase caracterizada pelo investimento libidinal em um dos progenitores (chama-se Complexo de Édipo). A criança percebe que entre ela e a mãe (no caso de um menino) existe o pai, impedindo a comunhão por ele desejada. A criança passa, então, a amar a mãe e a experimentar um sentimento antagônico de amor e ódio com relação ao pai. Ela percebe que tanto o amor vivido com a mãe quanto o ódio pelo pai são proibidos, e o Complexo de Édipo é finalizado com o surgimento do superego, com a desistência da criança com relação à mãe e a identificação do menino com o pai.

O modelo psicossexual que desenvolveu tem sido criticado por diferentes frentes. Alguns têm atacado a afirmação de Freud sobre a existência de uma sexualidade infantil (e, implicitamente, a expansão que se fez na noção de sexualidade). Outros autores, porém, consideram que Freud não ampliou os conhecimentos sobre sexualidade (que tinham antecedentes na Psiquiatria e na Filosofia, em autores como Schopenhauer), senão que Freud "neurotizou" a sexualidade ao relacioná-la com conceitos como incesto, perversão e transtornos mentais. Ciências como a Antropologia e a Sociologia argumentam que o padrão de desenvolvimento proposto por Freud não é universal nem necessário no desenvolvimento da saúde mental, qualificando-o de etnocêntrico por omitir determinantes socioculturais.

Freud esperava provar que seu modelo, baseado em observações da classe média austríaca, fosse universalmente válido. Utilizou a mitologia grega e a etnografia contemporânea como modelos comparativos. Recorreu ao "Édipo Rei" de Sófocles para indicar que o ser humano deseja o incesto de forma natural e como é reprimido este desejo. O Complexo de Édipo foi descrito como uma fase do desenvolvimento psicossexual e de amadurecimento. Também se fixou nos estudos antropológicos de totemismo, argumentando que reflete um costume ritualizado do Complexo de Édipo (Totem e Tabu). Incorporou também em sua teoria conceitos da religião católica e da judaica; assim como princípios da sociedade vitoriana sobre repressão, sexualidade e moral; e outros da Biologia e da Hidráulica.

Esperava que sua investigação proporcionasse uma sólida base científica para seu método terapêutico. O objetivo da terapia freudiana ou Psicanálise é, relacionando conceitos da mente cartesiana e da hidráulica, mover (mediante a associação livre e da interpretação dos sonhos) os pensamentos e sentimentos reprimidos (explicados como uma forma de energia) através do consciente para permitir ao sujeito a catarse que provocaria a cura automática.

Outro elemento importante da Psicanálise é a pouca intervenção do psicanalista para que nele o paciente possa projetar seus pensamentos e sentimentos. Através deste processo, chamado de transferência, o paciente pode reconstruir e resolver conflitos reprimidos (causadores de sua doença), especialmente conflitos da infância com seus pais.

É menos conhecido o interesse de Freud pela Neurologia. No início de sua carreira investigou a paralisia cerebral. Publicou numerosos artigos médicos neste campo. Também mostrou que a doença existia muito antes de outros pesquisadores de seu tempo ter notícia dela e de a estudarem. Também sugeriu que era errado que esta doença, segundo descrito por William Little (cirurgião ortopédico britânico), tivesse como causa uma falta de oxigênio durante o nascimento. Ao invés disso, Freud afirmou que as complicações no parto eram somente um sintoma do problema. Somente na década de 1980 suas especulações foram confirmadas por pesquisadores modernos.

Do ponto de vista da Medicina, a teoria e prática freudiana têm sido substituídas pelas descobertas empíricas ao longo dos anos. A Psiquiatria e a Psicologia como ciências hoje apresentam questionamentos relevantes à maior parte do trabalho de Freud. Sem dúvida, muitas pessoas continuam aprendendo e praticando a Psicanálise freudiana tradicional. No âmbito da Psicanálise moderna, a palavra de Freud continua ocupando um lugar determinante, embora suas teorias frequentemente apareçam reinterpretadas por autores como Jacques Lacan e Melanie Klein.

Atualmente muitas críticas têm sido feitas ao método psicanalítico, porém, por mais que a ciência moderna avance, muitos dos conceitos estruturadores da psique humana e os resultados obtidos pela aplicação do método continuam melhorando a qualidade de vida de muitas pessoas. Nota-se que a revolução promovida por Freud abriu caminhos para estudos que antigamente se encontravam em um plano imaginário. A criação de um método clínico a serviço do diagnóstico e tratamento de doenças da psique é um fato sem igual em toda a história da ciência. Porém é de se constatar certamente que em muitos escritos de Montaigne e de Pascal a ideia da autoanálise já era usada para explicar problemas subjetivos usando a lógica vigente, transformando os problemas do ser e de seu inconsciente em desafios universais, com os quais todos os homens se deparam.

Uma das mais severas críticas sofridas pelo método psicanalítico foi feita pelo filósofo da ciência Karl Popper. Segundo ele, a Psicanálise é pseudociência, pois uma teoria seria científica apenas se pudesse ser falseável pelos fatos.

Um exemplo é a teoria freudiana do "Complexo de Édipo". Freud afirmava que esse complexo era universal, mas com que base de dados chegou a essa conclusão? Na época da formulação da Psicanálise, a sua "amostra" era bastante limitada; parte dela vinha de sua experiência subjetiva (a sua "autoanálise" precedendo a publicação de *A Interpretação dos Sonhos*) e da sua prática clínica, feita na maioria das vezes com pacientes burgueses de uma Áustria vitoriana. Ou seja, uma amostra retirada de contextos bem específicos e que não podem fundamentar a universalidade pretendida pelo autor.

Outra crítica robusta foi feita pelo psiquiatra inglês Willian Sargant no livro *A Possessão da Mente*. O autor relata suas experiências com pacientes com traumas de guerra, quando deparou com situações nas quais estes se tornavam altamente sugestionáveis. O método psicanalítico, segundo Sargant, atuaria de forma semelhante a estes fenômenos, o que tornava não críveis os relatos dos pacientes que supostamente confirmavam o pensamento freudiano. Como a relação psicanalista-paciente pode provocar estados de alta sugestionabilidade, estes estariam, na verdade, expressando as crenças do próprio psicanalista.

> "Dentro de cada um de nós há um outro que não conhecemos. Ele fala conosco por meio dos sonhos." – Carl Jung

Carl Gustav Jung (Kesswil, 26 de julho de 1875 - Küsnacht, 6 de junho de 1961) foi um psiquiatra suíço e fundador da Psicologia Analítica, também conhecida como Psicologia Junguiana.

Os assuntos de que Jung ocupou-se surgiram em parte do fundo pessoal que é vividamente descrito em sua autobiografia, *Memórias, Sonhos, Reflexões* (1961). Ao longo de sua vida Jung experimentou sonhos periódicos e visões com notáveis características mitológicas e religiosas, os quais despertaram o interesse por mitos, sonhos e a Psicologia da religião. Ao lado destas experiências, certos fenômenos parapsicológicos emergiam, sempre para lhe redobrar o espanto e o questionamento.

Por muitos anos Jung sentiu possuir duas personalidades separadas: um ego público, exterior, que era envolvido com o mundo familiar, e um eu interno, secreto, que tinha uma proximidade especial para com Deus. Ele reconhecia ter herdado isso de sua mãe, que tinha a notável capacidade de "ver homens e coisas tais como são". A interação entre esses egos foi o tema central da sua vida pessoal e contribuiu mais tarde para a sua ênfase no esforço do indivíduo rumo à integração e inteireza.

O pai, um reverendo, já lhe deixara como herança uma fé cega, que se mantinha a muito custo, com o sacrifício da compreensão. A tarefa do filho seria responder a ele com uma fé renovada, baseada justamente no conhecimento tão rejeitado. Além disso, Jung viria a usar as escrituras como referência para a experiência interior de Deus, mas não como dogmas estáticos, à espera de devoção muda, castradores do desenvolvimento pessoal. Ele lamentava que à religião faltasse o empirismo, que alimentaria a sede da personalidade, e que às ciências naturais, que também tanto o fascinavam devido ao envolvimento com a realidade concreta, faltasse o significado, que saciaria a personalidade.

Os dois aspectos, religião e ciência, não se tocavam; daí sua constante insatisfação, devido ao desencontro das duas instâncias interiores. E foi dessa tentativa de saciar tanto um aspecto quanto a outro, de fazer justiça ao ser como um todo, que decidiu formar-se em Psiquiatria: "Lá estava o campo comum da experiência dos dados biológicos e dados espirituais, que até então eu buscara inutilmente. Tratava-se, enfim, do lugar em que o encontro da natureza e do espírito se torna realidade".

Ao longo da sua juventude interessou-se por filosofia e por literatura, especialmente pelas obras de Pitágoras, Empédocles, Heráclito, Platão, Kant e Goethe. Uma das suas maiores revelações seria a obra de Schopenhauer. Jung concordava com o irracionalismo que este autor concedia à natureza humana, embora discordasse das soluções por ele apresentadas.

Já estudante de medicina, decide dedicar-se à, então obscura, especialidade de Psiquiatria, após a leitura ocasional de um livro do psiquiatra Krafft-Ebing. Em 1900, Jung tornou-se interno na Clínica Psiquiátrica Burgholzli, em Zurique, então dirigida pelo psiquiatra Eugen Bleuler, famoso pela sua concepção de esquizofrenia.

Seguindo o seu treino prático na clínica, ele conduziu estudos com a associação de palavras. Já nessa época Jung propunha uma atitude humanista frente aos pacientes. O médico deveria "propor perguntas que digam respeito ao homem em sua totalidade e não limitar-se apenas aos sintomas". Desde cedo ele já adiantava a ideia do que hoje está ganhando força em todos os campos com o nome de "Holismo", o ponto de vista do homem integral. A seus olhos "diante do paciente só existe a compreensão individual". Por isso evitava generalizar um método, uma panaceia para um determinado tipo de anomalia psíquica. Cada encontro é único e, sendo assim, não pode incorrer em qualquer tipo de padronização.

Em 1902 deslocou-se a Paris, onde estudou com Pierre Janet, regressando no ano seguinte ao hospital de Burgholzli, no qual assumiu um cargo de chefia e onde, em 1904, montou um laboratório experimental em que implementou o seu célebre teste de associação de palavras para o diagnóstico psiquiátrico. Neste ínterim, Jung entra em contato com as obras de Sigmund Freud (1856-1939). Jung viu nele um companheiro para desbravar os caminhos da mente. Enviou-lhe cópias de seus trabalhos sobre a existência do inconsciente, confirmando concepções freudianas de recalque e repressão. Ambos encantaram-se um com o outro, principalmente porque os dois desenvolviam trabalhos inéditos em medicina e Psiquiatria.

A partir de então Freud e Jung passaram a se corresponder (em 359 cartas que, posteriormente, foram publicadas entre

1906 a 1913). O primeiro encontro entre eles, em 27 de fevereiro de 1907, transformou-se numa conversa que durou 13 horas ininterruptas. Depois deste encontro estabeleceram uma amizade de aproximadamente sete anos, durante a qual trocavam informações sobre seus sonhos, análises, trocavam confidências, discutiam casos clínicos.

Porém, tamanha identidade de pensamentos e amizade não conseguia esconder algumas diferenças fundamentais. Jung jamais conseguiu aceitar a insistência de Freud de que as causas dos conflitos psíquicos sempre envolveriam algum trauma de natureza sexual, e Freud não admitia o interesse de Jung pelos fenômenos espirituais como fontes válidas de estudo em si. O rompimento entre eles foi inevitável. Seria nos anos 30 do século XX que esta divergência atingiria o auge. Se por um lado os livros de Freud eram proibidos e queimados publicamente pelos nazistas, sendo Freud obrigado a deixar Viena pouco depois da anexação da Áustria, doente, nos seus 80 anos, para se dirigir ao exílio em Londres enquanto que quatro irmãs suas não foram autorizadas a deixar a Áustria, tendo perecido no Holocausto nos campos de concentração de Auschwitz e de Thereseinstadt, por seu lado Carl Jung tornar-se-ia neste mesmo período uma das faces mais visíveis da Psiquiatria "alemã" da época.

Após a separação de Freud, Jung sentiu o chão desmoronar sob seus pés. O sentido da sua vida ficou em primeiro plano. Seguiu-se uma série de sonhos e visões que forneceram material para o trabalho de toda uma vida. Dir-se-ia que se ele não houvesse se empenhado na integração de todo aquele material que jorrou qual lava derretida, teria fatalmente sucumbido a uma psicose. Mas algo nele o impelia a prosseguir na compreensão de tudo o que se originava naturalmente de seu inconsciente. Em suas palavras, "Os anos durante os quais me detive nessas imagens interiores constituíram a época mais importante da minha vida e neles todas as coisas essenciais se decidiram. (...) Toda a minha atividade ulterior consistiu em elaborar o que jorrava do inconsciente naqueles anos (...)".

Foi durante essa fase de confronto com o inconsciente que ele desenvolveu o que chamou de "imaginação ativa", um método de interação com o inconsciente no qual ele se investe espontaneamente de várias personificações (pessoas conhecidas e desconhecidas, animais, plantas, lugares, acontecimentos, etc.). Na imaginação ativa interagimos ativamente com elas, isto é, discordando, quando for o caso, opinando, questionando e até tomando providências com relação ao que é tratado, isso tudo pela imaginação. Ela difere da fantasia passiva porque nesta não atuamos no quadro mental, de forma a participarmos do drama vivenciado, mas apenas nos contentamos em assistir o desenrolar do roteiro desconhecido. Pela imaginação ativa existe não só a possibilidade de compreensão do inconsciente, mas também de interação com este, de forma que o transformamos e somos transformados no processo. Um personagem pode nos fazer entender falando explicitamente do motivo de, por exemplo, estarmos com insônia. Esse enfoque trata a psique como uma realidade em si, de forma tão literal interiormente, quanto uma maçã nos é real exteriormente, ao contrário de Freud, que insistia em substituir uma determinada imagem por outra de cunho sexual.

Carl Jung, que alguns acreditam ter sido um simpatizante do nazismo, assumiu em 1933, ano da chegada ao poder de Adolf Hitler, a presidência da Sociedade Médica Internacional Geral de Psicoterapia, que contou como administrador, entre outros, com um sobrinho de Hermann Göring. No início de 1934, num artigo intitulado *Sobre a Situação Atual da Psicoterapia*, Jung afirma que o Judeu, como nômade, não pode jamais criar a sua cultura própria; para desenvolver os seus instintos e talentos tem de apoiar-se em um "povo anfitrião mais ou menos civilizado". Carl Jung viria mais tarde a deixar aquela organização.

Sejam examinados os fatos. O presidente da Sociedade era Ernst Kretschmer. Quando Hitler ascendeu ao poder, Kretschmer deixou a presidência; os membros da Sociedade, compreensivelmente alarmados, dada a situação da Alemanha, pediram insistentemente a Jung que aceitasse o cargo. Sua autoridade científica e sua condição de suíço representavam verdadeira tábua de salvação. "Deveria eu", perguntou Jung a seus acusadores, "na atitude de neutro prudente, retirar-me para a segurança do lado de cá da fronteira e lavar as mãos em inocência, ou deveria, segundo estava bem consciente, arriscar minha pele e expor-me a inevitáveis mal-entendidos, aos quais não poderia escapar todo aquele que, por força de premente necessidade, tivesse de entrar em contato com os poderes políticos existentes na Alemanha?" Jung decidiu correr os riscos que previra. Sob a presidência dele, a Sociedade Médica Internacional de Psicoterapia conseguiu realizar dois congressos fora da Alemanha: um em Copenhague (1937) e outro em Oxford (1938). Decerto esses encontros noutros países representaram verdadeiros respiradouros para muitos cientistas alemães (Silveira, 1981).

Jung interpretou o nacional-socialismo, o comunismo e outros "ismos", em geral, como fenômenos patológicos de identidade, uma irrupção do inconsciente coletivo. "Wotan" havia tomado posse da alma do povo alemão. E quem é Wotan? O deus pagão dos germânicos, "um deus das tempestades e da efervescência, que desencadeia paixões e apetites combativos". Num ensaio publicado em 1936, Jung traça o paralelo entre Wotan redivivo e o fenômeno nazista. O deus é uma personificação de forças psíquicas e corresponde a "uma qualidade, um caráter fundamental da alma alemã, um 'fator' psíquico de natureza irracional, um ciclone que anula e varre para longe a zona calma onde reina a cultura". Os fatores econômicos e políticos pareceram a Jung insuficientes para explicar todos os espantosos fenômenos que estavam ocorrendo na Alemanha. Wotan reativado no fundo do inconsciente, Wotan invasor, seria a explicação mais pertinente. E estávamos apenas em 1936!

O argumento decisivo é, porém, a atitude dos nazistas em relação a Jung. Com o aparecimento do livro *Psicologia e Religião*, de 1940, as autoridades decidiram que toda a sua obra fosse interditada e queimada na Alemanha, bem como nos países ocupados por Hitler.

Outra acusação correlata com a de simpatizante do nazismo foi a de antissemita. Seria desde logo estranho admitir que um psicólogo, toda sua vida em busca do fundo psíquico comum a todos os homens (inconsciente coletivo), eternamente existente sob as diferentes peculiaridades individuais, locais, nacionais, raciais, históricas, fosse partidário de discriminações entre esses mesmos homens cuja alma tinha para ele igual estrutura básica. Seria também extravagante que um antissemita contasse entre seus discípulos mais próximos precisamente homens de origem semita. Basta lembrar alguns nomes. Erich Neumann, judeu alemão que chefiava o grupo junguiano em Tel Aviv, Israel, onde morreu em 1960; seus livros são originais aplicações da Psicologia junguiana. *As Origens e a História da Consciência*, sua obra principal, é prefaciada por Jung. Gerhard Adler, judeu alemão refugiado do nazismo, um dos mais destacados elementos do grupo junguiano na Inglaterra, coeditor das obras completas de Jung. Adler define esses ataques a Jung como devido à "completa ignorância ou, pior, à maldade intencional". Roland Cahen, francês de origem semita, é quem chefia a escola junguiana na França e dirige a publicação das obras de Jung em língua francesa. (cf: Silveira, 1981). Em alguns documentos, afirmou na época, num comentário sobre a cultura judaica, que judeus em geral são mais conscientes e diferenciados, enquanto os "arianos" comuns permaneceram próximos à barbárie (*apud* Lomeli, 1999).

A polêmica teórica mantida por Jung com Freud não chegou ao ponto de Jung fazer referências à origem religiosa ou racial de Freud, com vistas a conquistar a simpatia nazista. Nem no artigo de 1929, em que comparava as duas teorias (Gallard, 1994 *apud* Medweth, 1996), nem no discurso de Jung sobre Freud após a morte deste eminente pensador, em 1939, num momento que poderia ser propício para angariar aquele beneplácito (Medweth, 1996).

Sabe-se também que o obscurantismo atingiu obras de Jung que não interessavam ao regime nazista, tendo sido suprimidas em 1940 várias edições publicadas na Alemanha, e quando da invasão da França a Gestapo destruiu as traduções francesas da obra de Jung. (Medweth, 1996).

As primeiras providências de Jung quando assumiu a *Überstaatliche Ärztliche Gesellschaft für Psychotherapie* (Sociedade Médica Internacional de Psicoterapia), acumulando com a entidade suíça, em 1933, foram:

A reformulação dos estatutos, para evitar o controle hegemônico por alguma das sociedades nacionais; como a Sociedade Internacional congregava as Sociedades Nacionais da Alemanha, Dinamarca, Grã-Bretanha, Países Baixos,Suécia e Suíça, era importante evitar o domínio isolado de uma delas (*apud* Lomeli, 1999; McGuire e Hull, 1982), de modo que as demais tivessem participação adequada e dividissem as responsabilidades;

A aceitação na Sociedade Internacional dos membros judeus e antinazistas expulsos da Sociedade da Alemanha (*apud* Lomeli, 1999; McGuire e Hull, 1982), de modo que eles podiam exercer o seu ofício em outros países e garantir a sua subsistência como profissionais qualificados.

Sobre o editorial nazista publicado na revista editada pela Sociedade Médica Nacional da Alemanha para Psicoterapia, Jung declarou várias vezes que ele não teve ingerência no episódio. Pelas amizades que tinha com muitos representantes das vítimas do preconceito nazista, e pelo conteúdo de sua obra, é extremamente improvável que ele concordasse intelectualmente com o seu conteúdo, sob pena de perder esses relacionamentos.

As acusações sobre Jung, como resultantes de um mal-entendido, teriam sido logo liquidadas de modo definitivo, face a tantas documentações e testemunhos logicamente irrefutáveis. Entretanto, a persistência desses rumores bem indica que por trás deles podem fermentar ainda as divergências entre Jung e o grande judeu Freud, nunca perdoadas pelos discípulos do mestre ortodoxo. (Silveira, 1981)

Em 1938, quando Freud saiu de Viena para Londres, a Dra. Iolande Iacobi também emigrou para Zurique, continuou seus estudos com Jung e posteriormente foi uma das fundadoras do Instituto C.G.Jung, tendo escrito a introdução às obras completas de Jung. (McGuire e Hull, 1982, pág. 52). Ainda nesse ano, a Universidade de Oxford, na Inglaterra, concedeu-lhe o título de Doutor *Honoris Causa*.

Em 1939 Jung renunciou à presidência da Sociedade Médica Internacional de Psicoterapia. Alegou que já tentara por duas vezes anteriores a renúncia, tendo permanecido apenas devido a pedidos dos representantes britânico e neerlandês, somente se retirando quando foram interrompidas as comunicações internacionais e a sua permanência não era mais necessária (*apud* Loneli).

Em 1946, em cerimônia realizada em Zurique, Winston Churchill pediu que o Dr. Jung compusesse a mesa e se sentasse a seu lado (Lomeli, 1999). Em abril daquele ano, Ernest Harms publicou na *Psychiatric Quarterly* um artigo cujo título era *Carl Gustav Jung - Defender of Freud and the Jews* (McGuire e Hull, 1982, pág. 70).

Alguns dos seus mais devotados pupilos - Erich Neumann, Gerhard Adler, James Kirsch e Aniela Jaffe - eram judeus (Medweth, 1996).

(Citações: Lomeli, 1999; Medweth, 1996; McGuire, William e Hull, R.F.C. [1982]. *C.C.Jung: Entrevistas e Encontros*.)

Carl Gustav Jung morreu a 6 de junho de 1961, aos 86 anos, em sua casa, nas margens do lago de Zurique, em Küsnacht, após uma longa vida produtiva que marcou - e tudo leva a crer que marcará ainda mais - a Antropologia, a Sociologia e a Psicologia e também outros campos como a Arte, a Literatura e a Mitologia.

Encontra-se sepultado na *Protestant Church Graveyard*, em Küsnacht, Zurique, na Suíça.

Anterior mesmo ao período em que estavam juntos, Jung começou a desenvolver um sistema teórico que chamou, originalmente, de "Psicologia dos Complexos", mais tarde chamando-o de "Psicologia Analítica", como resultado direto de seu contato prático com seus pacientes. O conceito de inconsciente já está bem sedimentado na sólida base psiquiátrica de Jung antes de seu contato pessoal com Freud, mas foi com Freud, real formulador do conceito em termos clínicos, que Jung pôde se basear para aprofundar seus próprios estudos. O contato entre os dois homens foi extremamente rico para ambos, durante o período de parceria entre eles. Aliás, foi Jung quem cunhou o termo e a noção básica de "complexo", que foi adotado por Freud.

Utilizando-se do conceito de "complexos" e do estudo dos sonhos e de desenhos, Jung passou a se dedicar profundamente aos meios pelos quais se expressa o inconsciente. Em sua teoria, enquanto o inconsciente pessoal consiste fundamentalmente de material reprimido e de complexos, o inconsciente coletivo é composto fundamentalmente de uma tendência para sensibilizar-se com certas imagens, ou melhor, símbolos que constelam sentimentos profundos de apelo universal, os arquétipos: da mesma forma que animais e homens parecem possuir atitudes inatas, chamadas de instintos ("fato" este negado por correntes de ciências humanas como, por exemplo, em Antropologia o culturalismo de Franz Boas), também é provável que em nosso psiquismo exista um material psíquico com alguma analogia com os instintos.

Jung sentia que a ênfase da Psicanálise nos fatores eróticos era um ponto de vista unilateral, uma visão reducionista da motivação humana e do seu comportamento. Ele propôs que a motivação do homem fosse entendida em termos de uma energia de vida criativa geral - a libido - capaz de ser investida em direções diferentes, assumindo grande variedade de formas. A libido corresponderia ao conceito de energia adotado na Física, que pode ser interpretado em termos de calor, eletricidade, motricidade, etc. As duas direções principais da libido são conhecidas como extroversão (projetada no mundo exterior, nas outras pessoas e objetos) e introversão (dirigida para dentro do reino das imagens, das ideias e do inconsciente). As pessoas em quem a primeira tendência direcional predomina são chamadas extrovertidas, e introvertidas aquelas em quem a segunda direção é mais forte.

A sua necessidade em criar uma tipologia psíquica decorreu da questão que nasceu em seu interior acerca de sua divergência com Freud e até com outros profissionais. Ele poderia, assim, ter perguntado: "Por que divirjo de Freud?". A resposta tomou forma na análise que fez das teorias psicológicas de seu mestre e de Adler, também um ex-discípulo de Freud. Para este as neuroses derivavam de problemas com os instintos, para o outro do próprio ego, no seu sentimento de superioridade ou inferioridade. Um, portanto, extrovertido, e o outro introvertido. Jung também propôs que se poderia agrupar as pessoas de acordo com o seu maior desenvolvimento em uma das quatro funções psicológicas: pensamento, sentimento, sensação, ou intuição. Transformações de libido de uma esfera de expressão para outra, por exemplo, de sexualidade para religião, são realizadas por símbolos que são gerados durante a mudança de personalidade.

A Psicologia junguiana também merece outro destaque: o processo de individuação. Conforme Nise da Silveira (2006) todo ser tende a realizar o que existe nele, em germe, a crescer, a completar-se. Assim é para a semente do vegetal e para o embrião do animal. Assim é para o homem, embora o desenvolvimento de suas potencialidades seja impulsionado por forças instintivas inconscientes, isso adquire um caráter peculiar: o homem é capaz de tomar consciência desse desenvolvimento e de influenciá-lo. Precisamente no confronto do inconsciente com o consciente, no conflito como na colaboração entre ambos é que os diversos componentes da personalidade amadurecem e unem-se numa síntese, na realização de um indivíduo específico e inteiro. Essa confrontação "é o velho jogo do martelo e da bigorna: entre os dois, o homem, como o ferro, é forjado num todo indestrutível, num indivíduo. Isso, em termos toscos, é o que eu entendo por processo de individuação" (Jung).

O processo de individuação não consiste num desenvolvimento linear. É um movimento de circunvolução que conduz a um novo centro psíquico. Jung denominou esse centro de Self (si mesmo). Quando consciente e inconsciente vêm ordenar-se em torno do Self, a personalidade completa-se. O Self será o centro da personalidade total, como o ego é o centro do campo do consciente. O conceito junguiano de individuação tem sido muitas vezes deturpado. Entretanto é claro e simples na sua essência: tendência instintiva a realizar plenamente potencialidades inatas. Mas, de fato, a psique humana é tão complexa, são de tal modo intricados os componentes em jogo e tão variáveis as intervenções do ego consciente, tantas as vicissitudes que podem ocorrer que o processo de totalização da personalidade não poderia jamais ser um caminho reto e curto, de chão bem batido. Ao contrário, será um percurso longo e difícil.

Jung percebeu que a compreensão da criação de símbolos era crucial para o entendimento da natureza humana. Ele então explorou as correspondências entre os símbolos que surgem nas lutas da vida dos indivíduos e as imagens simbólicas religiosas subjacentes, sistemas mitológicos, e mágicos de muitas culturas e eras. Graças à forte impressão que lhe causou as muitas notáveis semelhanças dos símbolos, apesar de sua origem independente nas pessoas e nas culturas (muitos sonhos e desenhos de seus pacientes de variadas nacionalidades exprimiam temas mitológicos longínquos), foi que ele sugeriu a existência de duas camadas da psique inconsciente: a pessoal e a coletiva. O inconsciente pessoal inclui conteúdos mentais adquiridos durante a vida do indivíduo que foram esquecidos ou reprimidos, enquanto que o inconsciente coletivo é uma estrutura herdada comum a toda a humanidade composta dos arquétipos – predisposições inatas para experimentar e simbolizar situações humanas universais de diferentes maneiras. Há arquétipos que correspondem a várias situações, tais como as relações com os pais, o casamento, o nascimento dos filhos, o confronto com a morte. Uma elaboração altamente derivada destes arquétipos povoa todos os grandes sistemas mitológicos e religiosos do mundo.

Definida desta forma, no entanto, a psique objetiva não constitui um mecanismo capaz de justificar a ocorrência das sincronicidades, como um dos conceitos fundamentais da Psicologia de Carl Gustav Jung. Por isso, ao longo de sua vida Jung tornou mais complexa a noção de psique objetiva, ou inconsciente coletivo, ampliando-a ao ponto de que pudessem ser nela incluídos tanto arquétipos universais e conteúdos filogenéticos humanos quanto criações mentais mais recentes. A psique objetiva tornou-se integrada à vida em todos os seus aspectos, dando conta dos muitos fenômenos integrativos da clínica psicológica, que antes careciam de uma formulação explicativa consistente (Rocha Filho, 2007). Justamente por força da dificuldade de elaboração deste conceito, Jung acessou conhecimentos da Física Quântica de sua época, principalmente por Pauli e Einstein, o que influenciou decisivamente o desenvolvimento posterior da Psicologia Analítica. O médico conheceu aspectos da teoria da relatividade e da Física Quântica, especialmente o princípio da incerteza, da complementaridade e da não localidade, por intermédio principalmente dos físicos Wolfgang Pauli e Albert Einstein, e foi informado das pesquisas em para Psicologia de Joseph Banks Rhine, na Univeridade de Duke. Isso, associado a experiências pessoais e de seus pacientes, o levou a sugerir que as camadas mais profundas do inconsciente independem das leis de espaço, tempo e causalidade, produzindo fenômenos paranormais como a clarividência e a precognição, que passaram a ser estudados pela Psicologia. A estas correspondências entre acontecimentos interiores e exteriores, por meio de um significado comum, ele deu o nome de sincronicidade, como estudada hoje no contexto da linha de pesquisa Física e Psicologia. Além disso, fatos ocorridos enquanto tratava seus clientes o fizeram crer que os acontecimentos se dispunham "de tal modo, como se fossem o sonho de uma 'consciência maior e mais abrangente, por nós desconhecida'" (*Obras Completas* Vol. VIII, pág. 450).

Na qualidade de cientista altamente desapegado e desconfiado do favorecimento que se dá a certas verdades, para ele materialismo e ciência não eram sinônimos. O materialismo não passa o culto a um deus exteriormente concreto por meio da razão, um tipo de fé nos princípios limitadores das leis físicas. "A razão nos impõe limites muito estreitos e apenas nos convida a viver o conhecido". Para sermos realmente justos, convém recebermos igualmente os aspectos racionais e irracionais da vida. Assim foi o caso da paciente que apresentava uma forte resistência à terapia. A monotonia não escapava a nenhum dos dois, até o dia em que ela lhe relatou-lhe o sonho com um escaravelho dourado. Mal acabara de contar-lhe a trama quando ouviram uma batida na vidraça. Jung então enxergou uma espécie de besouro de coloração dourada muito rara naquelas paragens e naquela estação do ano. Daí para diante a análise deslanchou, ocasionando o renascimento daquela personalidade. Besouro e renascimento... um símbolo egípcio muito antigo.

O termo sincronicidade é uma tentativa de encontrar formas de explicação racional para fenômenos que a ciência de então não alcançava, tais como os referidos acima, fenômenos não causais que não podem ser explicados pela razão, porém são significativos para o indivíduo que os experimenta (Para uma abordagem sobre a construção do conceito, veja-se CAPRIOTTI, Letícia. *Jung e Sincronicidade: a Construção do Conceito*. Para uma explanação sintética e didática de sincronicidade, veja-se CAPRIOTTI, Letícia. *Jung e Sincronicidade: o Conceito e suas Armadilhas*.).

A construção do conceito de sincronicidade surgiu da leitura que Jung fez de um grande número de obras sobre alquimia e pensamento renascentista. Ele chegou a possuir uma grande quantidade de textos alquímicos originais, que o levaram também a usar a expressão *Unus Mundus* em sua autobiografia e a adotar a ideia de *Anima Mundi*.

Uma interessante análise da contribuição da Psicologia Profunda de Freud e de Jung para a formação do pensamento ocidental, mostrando como Jung tinha preocupações epistemológicas rigorosas, pode ser vista em Richard Tarnas. Em função disso, tais fenômenos puderam ser examinados, mas apenas como algo psicológico, e não propriamente da natureza, resultando em algumas distorções interpretativas, em inúmeros sentidos.

A crítica de Tarnas é pertinente, pois embora Jung ressalte a importância da religiosidade como qualidade intrínseca do ser humano, sua teoria apenas valida a experiência religiosa como fenômeno psicológico, uma posição paradoxalmente reducionista, que nega a compatibilidade entre razão e experiência espiritual. Nessa linha, considerou insubstancial o movimento esotérico moderno, como a Teosofia e a Antroposofia.

A partir da contribuição de Jung, vários desenvolvimentos em diferentes áreas do conhecimento têm ampliado a compreensão da relação entre os processos psíquicos e o mundo exterior. O conceito de inconsciente coletivo, por exemplo, encontra ecos na física do holomovimento de Bohm, na ecopedagogia de Capra, na transdisciplinaridade de Rocha Filho, na alma do mundo de Goswami, nos campos morfogenéticos de Sheldrake, na Psicologia profunda e na eco Psicologia norte-americana.

No Brasil, Jung teve uma conhecida aluna, a Dra. Nise da Silveira, fundadora do Museu de Imagens do Inconsciente. Ela escreveu, dentre outros, o livro *Jung: Vida e Obra*, publicado em primeira edição em 1968.

Na terapia junguiana, que explora extensivamente os sonhos e fantasias, um diálogo é estabelecido entre a mente consciente e os conteúdos do inconsciente. A doença psíquica é tida como uma consequência da separação rígida entre elas. Os pacientes são orientados a ficarem atentos aos significados pessoal e coletivo (arquétipo) inerente aos seus sintomas e dificuldades. Sob condições favoráveis eles poderão ingressar no processo de individuação: uma longa série de transformações psicológicas que culminam na integração de tendências e funções opostas, e na realização da totalidade. Jung trilhou a individuação, pois havia a necessidade imperiosa nele de ir às regiões de intenso sofrimento psíquico e voltar para poder mostrar o caminho da volta àqueles que ficaram perdidos pelo caminho da vida. Tornou-se ele uma resposta sincera e corajosa ao nosso tempo. "Sou eu próprio uma questão colocada ao mundo e devo fornecer minha resposta; caso contrário, estarei reduzido à resposta que o mundo me der".

É nítida a percepção mais aguçada de Jung em relação aos fenômenos de ordem psíquica que escapam às conceituações psicanalíticas. Freud ateve-se a uma análise bastante criteriosa das questões de inconsciente. Apesar de às vezes não se utilizar de métodos ortodoxos de pesquisa, como foi o caso do uso de cocaína, ele não se permitiu enveredar pelos caminhos das manifestações extracorpóreas. Ambos criaram uma metodologia de pesquisa que facilitou bastante os estudos posteriores na área da psique e a possibilidade de estabelecermos padrões de diferenciação entre os fenômenos psicológicos e espirituais.

O fato é que Jung aceitava a reencarnação como uma maneira lógica de se explicar as questões envolvendo os transtornos psicológicos que, após exaustiva análise, não têm causa na atual existência. Ele afirmava que "a personalidade de um indivíduo é muito complexa para ter a idade do seu corpo físico", e que é perceptível, em algumas situações, a diferença entre a idade cronológica e psicológica de uma pessoa.

O livro intitulado *Sete Sermões aos Mortos* foi recebido mediante a psicografia de Jung, e quem o ditou foi o Espírito de nome Philemon, que trouxe diversos outros Espíritos à sua presença, e que apresentaram toda a gama de exortações filosóficas e espirituais que compõem o referido livro. Os fenômenos oníricos de percepção das memórias passadas e as projeções de fatos programados para ocorrerem no futuro são aceitos nas análises de Jung em face da concepção de que o indivíduo apresenta uma realidade espiritual que é anterior ao corpo e posterior à sua morte. Para Freud, essas questões envolviam concepções místicas as quais ele não demonstrava nenhum interesse em conhecer.

Capítulo 5

Passado, Presente e Futuro

O passado é uma parte do tempo que se refere a todo e qualquer acontecimento em um período anterior ao presente; é o objeto da História, que identifica e classifica os eventos verificados.

O passado é contrastado com o presente. Está relacionado a um aglomerado de eventos que aconteceram num certo ponto do tempo, dentro do contínuo do espaço-tempo. A concepção assim descrita tem a ver com a Teoria da Relatividade elaborada por Albert Einstein. O passado é o objeto de estudo de vários campos como, por exemplo, a Arqueologia, Cronologia, Geologia, Geologia Histórica, Linguística Histórica, Direito, Paleontologia e Cosmologia.

Os humanos o registram desde tempos longínquos; e uma das características desta espécie é o fato de conseguir conseguem gravar o passado, recordá-lo, mencioná-lo e confrontá-lo com o estado atual das coisas, assim, conseguindo planejar o futuro e teorizá-lo também.

Tanto teorias científicas de fato (relacionadas aos buracos negros e à velocidade da luz) quanto a ficção científica (por meio de viagens no tempo) supõem que se possa modificar o passado, ou que a ele se retorne numa viagem do tempo. Mas o conhecimento atual acredita que o passado é tudo o que já passou, não sendo repetível, nem modificável. Dele se pode ter uma versão vinda da memória, uma visão material (gravações em películas ou em fotografias) ou um vislumbre da luz antiga, alcançada por meio das rotas das distâncias no espaço.

O passado pode ser remoto (evento muito distante) ou próximo (aconteceu recentemente), e está conectado completamente ao presente. Se a distância do tempo é reduzida ao segundo, este presente já passou.

O que aconteceu no passado é de nosso conhecimento devido às informações passadas para o conhecimento humano através da escrita.

A distância notável determina a perda de conhecimento de eventos distantes; na realidade, o passado tem esta característica: além de não ser modificável, quando seu conhecimento é muito distante, perde-se.

O passado aconteceu também antes da invenção da escrita, por isso pode é dificilmente reconhecível, e a ciência mexe em campos diferentes para descobrir seus conteúdos. Uma das perguntas que o homem procura responder em seu passado é quanto à sua própria origem e quanto ao nascimento do universo. O ser conectado a fatores físicos, como as substâncias químicas, o espaço e as tempestades, determinou nosso presente, e a única certeza que temos é de que os fatos dados decorrem de tudo que aconteceu antes.

Pela escrita, o homem preserva um conhecimento discreto do passado. A história do homem e do mundo oferece relatos a respeito de uma raça animal inteligente que dominou o planeta Terra. O presente planetário foi causado e determinado pelas ações passadas da humanidade, além das erosões, dos envelhecimentos e dos movimentos da Terra. O presente universal é causado e determinado pelo movimento cósmico.

Presente é um termo para designar o tempo do agora, que não é nem passado nem futuro. Como o tempo flui constantemente, sem pausas, é impossível marcar o presente, já que a cada intervalo que passa o presente vira passado; assim, o presente é constante e infinito.

O Futuro é o intervalo de tempo que se inicia após o presente e não tem um fim definido. Referente a algo que irá acontecer, o futuro é o estado utilizado na mecânica clássica para dizer que algo está por vir; é o que ainda não aconteceu. Na Mecânica Quântica não existe a noção de futuro, pois ela atua de forma atemporal.

A Teoria da Relatividade é a denominação dada ao conjunto de duas teorias científicas: a Relatividade Restrita (ou Especial) e a Relatividade Geral.

A Relatividade Especial é uma teoria publicada em 1905 por Albert Einstein, concluindo estudos precedentes do matemático francês Henri Poincaré e do físico neerlandês Hendrik Lorentz, entre outros. Ela substitui os conceitos independentes de espaço e tempo da Teoria de Newton porque apresenta a ideia de espaço-tempo como uma entidade geométrica unificada. O espaço-tempo na relatividade especial consiste de uma variedade diferenciável de quatro dimensões, três espaciais e uma temporal (a quarta dimensão), munida de uma métrica pseudo-riemanniana, o que permite utilizar noções de geometria. É nessa teoria, também, que surge a ideia de velocidade da luz invariante.

O termo *especial* é usado porque ela é um caso particular do princípio da relatividade em que efeitos da gravidade são ignorados. Dez anos após a publicação da teoria especial, Einstein publicou a Teoria Geral da Relatividade, que é a versão mais ampla, na qual os efeitos da gravitação são considerados, surgindo a noção de espaço-tempo curvo.

O princípio da relatividade foi surgindo ao longo da história da Filosofia e da ciência como consequência da compreensão progressiva de que dois referenciais diferentes oferecem visões perfeitamente plausíveis, ainda que diferentes, de um mesmo efeito. Foi introduzido na ciência moderna por Galileu e afirma que o movimento, ou pelo menos o movimento retilíneo uniforme, só tem algum significado quando comparado com algum outro ponto de referência. Segundo o princípio da relatividade de Galileu, *não existe sistema de referência absoluto* pelo qual todos os outros movimentos possam ser medidos. Galileu referia-se à posição relativa do Sol (ou Sistema Solar) comparado às estrelas de fundo. Com isso, elaborou um conjunto de transformações chamadas "transformadas de Galileu", compostas de cinco leis, para sintetizar as leis do movimento quanto há mudanças de referenciais. Mas, naquele tempo, acreditava-se que a propagação eletromagnética, ou seja, a luz, fosse instantânea; e, portanto, Galileu e mesmo Newton não consideravam em seus cálculos que os acontecimentos observados fossem dissociados dos fatos. Esse fenômeno que separava a luz do som, aqui na Terra, seria mais acentuado quando observado a grandes distâncias, e já mostrava, em fins do século XIX, a importância de estabelecer normas aplicáveis a uma teoria do tempo.

Muitos historiadores e físicos atribuem a criação da famosa fórmula que explica a relação entre massa e energia ao físico italiano Olinto De Pretto, que, segundo especulações, desenvolveu a fórmula dois anos antes de Albert Einstein e que teria previsto o seu uso para fins bélicos e catastróficos, como o desenvolvimento de bombas atômicas. Apesar disso, foi Einstein o primeiro a dar corpo à teoria, juntando os diversos fatos até então desconexos e os interpretando corretamente.

1. Primeiro postulado (Princípio da Relatividade)

As leis que governam as mudanças de estado em quaisquer sistemas físicos tomam a mesma forma em quaisquer sistemas de coordenadas inerciais.

Nas palavras de Einstein:

"...existem sistemas cartesianos de coordenadas – os chamados sistemas de inércia – relativamente aos quais as leis da Mecânica (mais geralmente as leis da Física) se apresentam com a forma mais simples. Podemos assim admitir a validade da seguinte proposição: se K é um sistema de inércia, qualquer outro sistema K› em movimento de translação uniforme relativamente a K é também um sistema de inércia.»

2. Segundo postulado (Invariância da Velocidade da Luz)

A luz tem velocidade invariante igual a c em relação a qualquer sistema de coordenadas inercial.

A velocidade da luz no vácuo é a mesma para todos os observadores em referenciais inerciais, e não depende da velocidade da fonte que está emitindo a luz nem tampouco do observador que a está medindo. A luz não requer qualquer meio (como o éter*) para se propagar.* Na Doutrina Espírita, consideramos o éter como sendo uma identificação do Fluido Cósmico Universal.

Apesar de o primeiro postulado ser quase senso comum, o segundo não é tão óbvio. Mas ele é, de certa forma, uma consequência de se utilizar o primeiro postulado ao se analisarem as equações do eletromagnetismo. Através das transformações de Lorentz pode-se demonstrar o segundo postulado.

Porém, é necessário dizer que Einstein, segundo alguns, não quis basear a relatividade nas equações de Maxwell, talvez porque entendesse que a validade destas não era ilimitada. Isto decorre da existência do fóton, o que tacitamente indica que as equações de campo previstas por Maxwell não podem ser *rigorosamente* lineares.

A relatividade especial tem consequências consideradas bizarras por muitas pessoas. Esta opinião é perfeitamente compreensível, pois estas consequências estão relacionadas a comparações entre observadores movimentando-se a velocidades próximas à da luz (300.000 km/s), e o ser humano não tem nenhuma experiência com viagens a essa velocidade. Eis algumas das consequências:

Ao observar qualquer relógio que se mova no referencial adotado, um observador estático na origem do citado referencial verá o relógio móvel atrasar-se em relação ao relógio estático que carrega consigo. O intervalo de tempo próprio corresponde ao menor dos intervalos de tempo separando dois eventos passíveis de serem mensurados mediante observação de relógios no referencial em questão. Ou, de forma equivalente, o intervalo de tempo próprio de um dado referencial é usualmente menor que os correspondentes intervalos de tempo próprios de outros referenciais que se encontrem animados em relação ao primeiro e estejam observando os mesmos eventos em consideração.

Eventos que ocorrem simultaneamente em um referencial inercial não são necessariamente simultâneos em outro referencial em movimento relativo (falta de simultaneidade).

Medidas acerca das dimensões de objetos que se movem em relação a um dado referencial serão inferidas com valores menores do que as determinadas para os mesmos objetos quando inferidas em referenciais nos quais estes se encontrem inanimados. Se um corpo está em movimento ao longo de um eixo em um dado referencial, a dimensão do corpo ao longo deste eixo parecerá menor do que aquela determinada quando o mesmo corpo encontrava-se parado em relação ao referencial do observador (contração dos comprimentos).

Uma viagem no tempo se refere ao conceito de mover-se para trás e para frente através de pontos diferentes no tempo, em um modo análogo à mobilidade pelo espaço. Algumas interpretações disso sugerem a possibilidade de viajar através de realidades paralelas. A possibilidade real de uma viagem no tempo é, hoje em dia, praticamente nula do ponto de vista prático, devido ao fato de que os responsáveis pela descoberta de meios para se efetuar uma viagem temporal não conseguiram ainda produzir a tecnologia capaz de possibilitar a viagem.

O conceito é constantemente abordado na ficção-científica, e o mais famoso autor de obras sobre o tema é H. G. Wells.

No meio científico, o tema da viagem no tempo é de circulação bastante discreta; supõe-se que ou os cientistas são ridicularizados por pesquisarem seriamente um assunto que, se diz, seja infértil, ou os avanços na área, se existentes, são tão secretos que ninguém fala a respeito. No entanto, o estudo das viagens no tempo e de outras consequências das teorias da Física pode mudar a nossa perspectiva sobre o universo.

Atualmente, os físicos estão convencidos de que as viagens no tempo são muito improváveis. Esta crença é o resultado da aplicação da Navalha de Occam (que trata da intuição como ponto de partida para o conhecimento do universo). Qualquer teoria que permita viagens no tempo teria que resolver os problemas relacionados à causalidade, e, na ausência de provas experimentais que demonstrem a viabilidade das viagens do tempo, é mais simples, do ponto de vista teórico, supor que não são possíveis. De fato, Stephen Hawking terá sugerido que a ausência de turistas vindos do futuro é um excelente argumento contra a existência de viagens no tempo.

No entanto, existem soluções da Teoria Geral da Relatividade de Einstein que permitem viagens no tempo (como a famosa solução encontrada por Kurt Gödel), mas algumas delas exigem que o universo tenha características que parece não ter. Se fosse possível viajar mais rápido que a luz, então, de acordo com a relatividade, as viagens no tempo seriam possíveis.

A teoria diz que o espaço é curvo e, assim, o nosso universo é dobrado várias vezes sobre si mesmo; portanto, pode ser conectado a vários outros universos paralelos através de "túneis de tempo", produzido por buracos negros e buracos de minhoca.

Os buracos de minhoca foram propostos como vias para viajar no tempo. Um deles funcionaria hipoteticamente da forma que se explica a seguir: o buraco de minhoca é criado de alguma forma. Uma das extremidades dele é acelerada até velocidades próximas da luz, talvez com a ajuda de uma nave espacial sofisticada, e em seguida desacelerada até a velocidade original. Devido à dilatação do tempo, na parte acelerada do buraco de minhoca o tempo passou muito mais devagar. Um objeto que entra no buraco de minhoca a partir da parte não acelerada viajará até o outro lado e chegará ao passado. Este método tem uma limitação: não é possível viajar a épocas anteriores à criação da máquina; na prática, forma-se uma espécie de túnel para uma região que ficou relativamente parada no tempo, mas não se cria uma máquina capaz de viajar a qualquer época que se deseja. Isto explicaria por que a observação de Stephen Hawking exposta acima não é correta: não vemos os turistas do tempo porque, teoricamente, eles só poderiam viajar até à época em que o primeiro buraco de minhoca foi criado, e isso ainda não aconteceu.

Porém, criar um buraco de minhoca não é uma tarefa fácil. A energia necessária para criar um suficientemente grande e estável para lá caber uma nave espacial e para mover uma das suas extremidades a grandes velocidades é várias ordens de grandeza maior que a energia que o Sol produz ao longo da sua vida. Além disso, a matéria necessária para criar um buraco de minhoca pode nem existir. Ele teria que ser construído com uma substância conhecida por matéria exótica, ou matéria negativa, cuja existência ainda não foi comprovada, apesar de ninguém ainda ter provado que não existe numa forma útil para criar buracos de minhoca. Sendo assim, é improvável que um buraco de minhoca venha alguma vez a ser construído, mesmo por uma civilização tecnicamente muito mais avançada que a nossa.

Outro método que poderá permitir as viagens no tempo é a rotação de um cilindro - que teria de ser longo, denso, e deveria rodar à volta do seu eixo a velocidades elevadas. Se uma nave seguir um percurso em forma de espiral em torno do cilindro, conseguirá viajar para trás no tempo. No entanto, a densidade e as velocidades necessárias são tão elevadas que não existe nenhum material suficientemente forte para construir o cilindro. Um mecanismo semelhante poderá ser construído a partir de uma corda cósmica, mas não são conhecidas cordas cósmicas e nem parece ser possível construí-las.

O físico Robert Forward notou que uma aplicação ingênua de relatividade geral para Mecânica Quântica sugere outra maneira de construir uma máquina do tempo. Um próton num forte campo magnético iria se deformar até parecer-se com um cilindro, cuja densidade e "spin" seriam suficientes para construir uma máquina do tempo. Raios gama projetados nele possivelmente iriam permitir que informação (não matéria) fosse emitida para trás no tempo.

No entanto, tudo indica que, até a concepção de uma única teoria combinando relatividade e Mecânica Quântica, não se terá a menor ideia se tal especulação é ou não absurda. Tem sido sugerido que a teleportação quântica ou o Paradoxo de EPR (ou de Einstein-Podolsky-Rosen), conceito da Mecânica Quântica, poderão ser utilizados para comunicações transmitidas a velocidades superiores à da luz. No entanto, estas experiências são apenas novos métodos de transmitir informação quântica, e não permitem transmitir informação clássica. A confusão entre as duas formas de informação tem sido espalhada pela cobertura jornalística das experiências de teleportação e não tem fundamento.

A Teoria Especial da Relatividade de Einstein permite viagens para o futuro devido à dilatação do tempo. Para isso, basta que o viajante acelere até atingir velocidades próximas à da luz. Apesar de não se saber com certeza se é possível voltar à época inicial, o Dr. Ronald Mallett alega estar à beira da construção de uma máquina que permita viagens ao passado e futuro. O Dr. Mallet expôs suas teorias no documentário *The World's First Time Machine*, do Discovery Science.

O astrônomo francês Nicolas Camille Flammarion recebeu diversas comunicações mediúnicas ditadas pelo Espírito de Galileu, nas quais assim se expressa: "o tempo é a sucessão das coisas. Está ligado à eternidade, do mesmo modo que as coisas estão ligadas ao infinito. Suponhamo-nos na origem do nosso mundo, na época primitiva em que a Terra ainda não se movia sob a divina impulsão; numa palavra: no começo da Gênese. O tempo então ainda não saíra do misterioso berço da natureza e ninguém pode dizer em que época de séculos nos achamos, porquanto o balancim dos séculos ainda não foi posto em movimento.

Mas, silêncio! Soa na sineta eterna a primeira hora de uma Terra insulada, o planeta se move no espaço e, desde então, há tarde e manhã. Para lá da Terra, a eternidade permanece impassível e imóvel, embora o tempo marche com relação a muitos outros mundos. Para a Terra, o tempo a substitui e durante uma determinada série de gerações contar-se-ão os anos e os séculos.

Transportemo-nos agora ao último dia desse mundo, à hora em que, curvado sob o peso da vetustez, ele se apagará do livro da vida para aí não mais reaparecer. Interrompe-se então a sucessão dos eventos; cessam os movimentos terrestres que mediam o tempo, e o tempo acaba com eles.

Essa simples exposição das coisas que dão nascimento ao tempo, que o alimentam e deixam que ele se extinga, basta para mostrar que, visto do ponto em que houvemos de colocar-nos para os nossos estudos, o tempo é uma gota d'água que cai da nuvem no mar e cuja queda é medida.

Tantos mundos na vasta amplidão, quantos tempos diversos e incompatíveis! Fora dos mundos, somente a eternidade substitui essas efêmeras sucessões e enche tranquilamente da sua luz imóvel a imensidade dos céus. Imensidade sem limites e eternidade sem limites, tais as duas grandes propriedades da natureza universal.

O olhar do observador, que atravessa, sem jamais encontrar o que o detenha, as incomensuráveis distâncias do espaço, e o do geólogo, que remonta a momentos além dos limites das idades, ou que desce às profundezas da eternidade de fauces escancaradas, onde ambos um dia se perderão, atuam em concordância, cada um na sua direção, para adquirir esta dupla noção do infinito: extensão e duração.

Dentro desta ordem de ideias, fácil nos será conceber que, sendo o tempo a relação das coisas transitórias e dependendo unicamente das coisas que se medem, se tomássemos os séculos terrestres por unidade e os empilhássemos aos milheiros, para formar um número colossal, esse número nunca representaria mais que um ponto na eternidade, do mesmo modo que milhares de léguas adicionadas a milhares de léguas não dão mais que um ponto na extensão.

Assim, por exemplo, estando os séculos fora da vida etérea da alma, poderíamos escrever um número tão longo quanto o equador terrestre e supor-nos envelhecidos desse número de séculos, sem que na realidade nossa alma conte um dia a mais. E juntando, a esse número indefinível de séculos, uma série de números semelhantes, longa como daqui ao Sol, ou ainda mais consideráveis, se imaginássemos viver durante uma sucessão prodigiosa de períodos seculares representados pela adição de tais números, quando chegássemos ao termo, o inconcebível amontoado de séculos que nos passaria sobre a cabeça seria como se não existisse: diante de nós estaria sempre toda a eternidade.

O tempo é apenas uma medida relativa da sucessão das coisas transitórias; a eternidade não é suscetível de medida alguma, do ponto de vista da duração; para ela, não há começo, nem fim: tudo lhe é presente.

Se séculos e séculos são menos que um segundo, relativamente à eternidade, que vem a ser a duração da vida humana?!" (*A Gênese*, Allan Kardec, 51ª Ed., FEB).

Como vemos, o universo material nos impõe uma série de limitações e barreiras para que realizemos deslocamentos no tempo, tanto para o passado quanto para o futuro, apesar de não ser impossível que isso ocorra. Quando consideramos sobre o aspecto do universo psíquico, essas limitações são bem menores e praticamente inexistentes em algumas situações. Durante a ocorrência dos fenômenos oníricos, temos o ensejo de nos permitir viagens no tempo psíquico de cada indivíduo, onde estão albergados os registros vivenciais passados e as previsões que podem ocorrer no futuro. As recordações dos acessos obtidos junto a esses arquivos tornam-se os sonhos de retroscopia e premonição, respectivamente.

Capítulo 6

CONTRIBUIÇÃO QUÂNTICA

Você pode estar se perguntando: por que um livro sobre sonhos possui um capítulo dedicado à Física Quântica? Ocorre que precisamos de algumas informações sobre o mundo de dimensões subatômicas para ajudar a compor o leque de concepções sobre os sonhos como um mecanismo de viagens no tempo. Vamos aproveitar também para analisar o fato de que muitos companheiros espíritas têm afirmado, apressadamente, que a Física ou a Mecânica Quântica possuem informações que provam a existência do Espírito e, por conseguinte, do mundo espiritual.

Essas conclusões precipitadas derivam, possivelmente, do fato de que o objeto principal de estudo da Mecânica Quântica seja o mundo subatômico e suas incríveis reações frente às observações que dele são feitas. Como esse mundo é habitado por partículas não localizadas a "olho nu", ou seja, invisíveis aos nossos olhos, muitos se adiantaram a afirmar que, em função disso, a Física Quântica estaria identificando e estudando os Espíritos e o mundo espiritual - que também não são percebidos pelos nossos cinco sentidos, exceto se houver a presença da mediunidade como fator de expansão desses sentidos e, consequentemente, a captação dos seres e do ambiente que existem na dimensão extracorpórea.

Os elétrons, fótons e quarks, por exemplo, são partículas tão infinitamente pequenas e que têm o poder de alterar uma série de estruturas e mecanismos estabelecidos, vindo modificar o nosso modelo organizado de interpretar a vida.

Até o surgimento da teoria quântica, as ideias apresentadas pela Física Clássica ou Newtoniana eram, como ainda são, utilizadas para explicar uma série enorme de ocorrências. Porém, quando se trata de acontecimentos verificados em escala subatômica, as leis da Física Clássica não têm nenhuma aplicação, ou seja, para as ocorrências no mundo de dimensões em que nos encontramos as leis de Newton funcionam, mas no mundo dos átomos novas leis assumem o comando dos acontecimentos: as leis da Mecânica Quântica.

A Física Quântica é a física das possibilidades, e isso encontra forte ressonância nos postulados espíritas - haja vista o fato de que a Doutrina Espírita é eminentemente progressista, ou seja, está aberta a receber o auxílio das ciências no que se refere à comprovação ou negação dos seus postulados. Portanto, como bem definiu Allan Kardec: "Caminhando de par com o progresso, o Espiritismo jamais será ultrapassado porque, se novas descobertas lhe demonstrassem estar em erro acerca de um ponto qualquer, ele se modificaria nesse ponto. Se uma verdade nova se revelar, ele a aceitará." (*A Gênese*, Cap.I - 51ª Ed., FEB).

Na visão da Física Clássica, existe um determinismo definindo que, se conhecermos alguns parâmetros (posição e velocidade) de um objeto, poderemos afirmar exatamente para onde ele está indo. Com os estudos quânticos, sabe-se que há uma probabilidade, mas nunca uma certeza de como uma ocorrência vai terminar. Parece estranho, mas hoje sabemos que uma mesma partícula pode ser encontrada em mais de um lugar ao mesmo tempo, ou melhor, em mais de 2 mil lugares.

Einstein afirmou que nada pode se deslocar com uma velocidade superior à da luz porém, as partículas subatômicas estabelecem uma comunicação instantânea independente da distância que as separa.

A concepção de um universo no qual pelo conhecimento das partes poderia se compreender o todo foi substituída pela ideia de um universo unificado onde as partes estão interconectadas e interagindo mutuamente.

Todas as nossas existências estão solidárias umas com as outras. Há uma interconexão que estabeleceu as características da existência atual e criará as manifestações específicas das próximas. Nesse sentido os sonhos de retroscopia nos oferecem informações desse modelo existencial, quando nos permiti, nessa viagem no tempo psíquico, trazer à tona cenas e acontecimentos daquela época.

O modelo de observador e observado da física newtoniana, foi substituído pelo conceito de que ambos não estão isolados no fenômeno mas sim, participando ativamente da ocorrência, interagindo com o universo.

Em *O Livro dos Espíritos*, Allan Kardec apresentou uma pergunta aos Espíritos:

36- O Vácuo absoluto existe em alguma parte no espaço universal?

"Não, não há o vácuo. O que te parece vazio está ocupado por matéria que te escapa aos sentidos e aos instrumentos." (*O Livro dos Espíritos*, parte primeira, Cap. II - 90ª Ed., FEB).

Vejamos que a pergunta leva em consideração os conhecimentos científicos vigentes à época, quando se acreditava que o vácuo seria a ausência de toda e qualquer substância. Não havia o entendimento de que o vácuo é apenas a ausência do ar.

Uma das grandes alterações na concepção da Física Clássica se deu em relação aos átomos que, ao serem considerados os blocos de construção de que é feito todo o universo, sempre foram considerados como estruturas sólidas. Agora já se sabe que os átomos possuem mais espaços "vazios" do que estruturas sólidas. Há enormes espaços entre o núcleo atômico e os elétrons que gravitam em suas órbitas.

Na verdade, esses "vazios" estão preenchidos com grandes quantidades de energia - ao ponto de se considerar que num volume de 1 cm^3 de espaço "vazio" existe mais energia que em toda a matéria que constitui o universo. Portanto, a resposta dada pelos Espíritos à Kardec está correta. Não existe o vazio, e essa informação precedeu conceituações da Mecânica Quântica.

Um dos conceitos mais interessantes da Física Quântica é o da aleatoriedade. Foi o mais combatido por Einstein que, não aceitava as teorias quânticas. No ano de 1930 ele afirmou que "Deus não joga dados com o universo" o que levou um dos pais da Física Quântica Niels Bohr, dizer: "pare de dizer a Deus o que fazer".

Ocorreu inclusive uma tentativa de derrotar os princípios da Mecânica Quântica quando Einstein, Podolsky e Rose (EPR) apresentaram uma experiência abstrata na qual duas partículas seriam criadas ao mesmo tempo, portanto estariam emaranhadas ou ligadas. Após isso, ambas seriam disparadas em sentidos opostos do universo e, após algum tempo, deveria ser produzida alguma alteração em uma das partículas que acarretaria, instantaneamente, uma alteração na outra a fim de se adequar à condição da primeira, no mesmo instante.

Pela teoria de Einstein, nada pode se deslocar a uma velocidade superior a da luz, o que o levou a chamar essa experiência tão ridícula de "ação fantasmagórica à distância". Outra questão é que seria muito difícil de se acreditar que um elétron saberia o que estava se passando com o outro do outro lado do universo.

Pois bem, para surpresa de todos, o físico John Bell criou, em 1964, uma teoria na qual apresenta a experiência de EPR como perfeitamente correta. Existe uma íntima ligação entre as partículas em um nível muito além do tempo e do espaço. A ideia de se situar qualquer coisa em um único lugar está incorreta. A teoria de Bell e a experiência intelectual de EPR foram confirmadas em laboratório diversas vezes.

Chegamos, assim, a uma nova conceituação em que o tempo e o espaço, parâmetros básicos e fundamentais para a Física

Clássica, são substituídos na visão do mundo quântico pelo conceito de todas as coisas estarem se tocando ou se encontrando o tempo todo.

Como dissemos, a Física Quântica é a física das possibilidades e nesse sentido, criam-se diferentes condições de se analisar as questões de ordem espiritual. Trata-se de uma visão muito mais ampla do universo que nos rodeia e de leis até então desconhecidas que podem descortinar os novos horizontes do mundo extrafísico e suas interações com o mundo físico.

Quando falamos dos conceitos quânticos para os místicos e espiritualistas das mais diversas escolas, a reação é muito natural e até apresenta uma certa característica do "eu já sabia". Os precursores da Mecânica Quântica já se relacionavam com essas ideias espiritualistas. Erwin Schrödinger adorava falar sobre as crenças dos upanixades; Niels Bohr possuía em sua roupa um brasão com o símbolo Yin/Yang; David Bohm estabeleceu diversos contatos e conversas com o sábio hindu Krishnamurti.

A questão do tempo, em se tratando do passado, presente e futuro, bem como a possibilidade de uma interconexão entre esses momentos foi muito bem apresentada por Kardec, em *A Gênese,* quando apresenta um estudo sobre a teoria da presciência, assim se expressando:

"Suponhamos um homem colocado no cume de uma alta montanha, a observar a vasta extensão da planície em derredor. Nessa situação, o espaço de uma légua pouca coisa será para ele, que poderá facilmente apanhar, de um golpe de vista, todos os acidentes do terreno, de um extremo ao outro da estrada que lhe esteja diante dos olhos. O viajor que pela primeira vez percorra essa estrada, sabe que, caminhando, chegará ao fim dela. Constitui isso uma simples previsão da consequência que terá a sua marcha. Entretanto, os acidentes do terreno, as subidas e descidas, os cursos d'água que terá de transpor, os bosques que haja de atravessar, os precipícios em que poderá cair, as casas hospitaleiras onde lhe será possível repousar, os ladrões que o espreitem para roubá-lo, tudo isso independe da sua pessoa; são para ele o desconhecido, o futuro, porque a sua vista não vai além da pequena área que o cerca. Quanto à duração, mede-a pelo tempo que gasta em perlustrar o caminho. Tirai-lhe os pontos de referência e a duração desaparecerá. Para o homem que está em cima da montanha e que o acompanha com o olhar, tudo aquilo está presente. Suponhamos que esse homem desça do seu ponto de observação e, indo ao encontro do viajante, lhe diga: 'Em tal momento, encontrarás tal coisa, serás atacado e socorrido'. Estará predizendo o futuro, mas para o viajante, não para ele, autor da previsão, pois que, para ele, esse futuro é o presente. " (*A Gênese,* Cap. XVI, 51ª Ed., FEB).

Um universo unificado, uma possibilidade ou diversas possibilidades de realidades se encontrarem, se tocarem, se manifestarem. Uma forte impressão de vida abundante, de registros imperecíveis que se apresentam intactos, que se conectam e formam os registros existenciais do ser.

O fenômeno onírico faz parte dessas possibilidades, pois permiti um encontro de diversas existências de um mesmo Espírito bem como uma visualização, até certo ponto, de realidades previstas a ocorrerem, estabelecendo conexões fora dos parâmetros que se havia estabelecido até então em relação à contagem do tempo.

Os sonhos, além das diversas funções até então analisadas, oferecem uma ampla possibilidade de alteração da realidade diária. Os registros das nossas experiências pregressas nos ajudam a entender quem somos nós. E isso é indispensável para estabelecermos as alterações em nossa realidade interior. Mudar a realidade diária não é mudar o mundo que nos cerca. O mundo externo é apenas o reflexo do que se passa no nosso mundo íntimo, esse sim é que deve ser alterado.

Na medida em que nos conhecermos mais e melhor, aumentam nossas condições de alterarmos nossa realidade íntima. Nesse aspecto, as informações que os sonhos nos oferecem podem ser de grande valia, pelo fato de que eles podem nos apresentar aspectos da nossa personalidade, tendências, aptidões, inclinações, que necessitem ser trabalhadas.

Quando viajamos pelas regiões do nosso psiquismo, numa apresentação onírica das nossas existências anteriores, temos a presença do nosso "eu" manifestando-se em múltiplas experiências vividas. Percebemos informações que podem nos ser úteis na reprogramação do nosso mundo íntimo, alterando o nosso estado de consciência, em busca de alcançarmos a condição de seres despertos.

Quando analisamos os casos de pessoas que relatam as ocorrências dos sonhos repetitivos de retroscopia, ou seja, sonhos com características que não se enquadram no momento relativo à atual existência e sempre a mesma ocorrência aparece nas lembranças do sonhador, onde são percebidas cenas com locais, casas, roupas e pessoas que não fazem parte da atual experiência do indivíduo, conseguimos enxergar aí um momento existencial que muito afetou o psiquismo desse Espírito. Algo ocorreu que marcou profundamente o Espírito naquela época, e o seu psiquismo ficou encharcado com as ocorrências daquele momento.

Capítulo 7

Experiências Oníricas

Quando realizamos palestras sobre os sonhos, é comum acontecer de as pessoas nos procurarem, após o termino da exposição, para narrarem seus sonhos. No início da conversa, deixo bem claro que não tenho condições de oferecer interpretações aos sonhos que me estão sendo narrados pelo fato de que eles apresentam uma mensagem ou significado muito subjetivo, muito pessoal, e que as imagens oníricas podem ser causadas por três fatores principais, conforme vimos nos capítulos anteriores.

Contudo, as narrativas que me são apresentadas, estão, em sua grande maioria, carregadas de informações muito interessantes. Neste capítulo, apresentaremos algumas que mostram os fenômenos de retroscopia (passado) e premonição (futuro). Lembrando que se trata de sonhos repetitivos, ou seja, que surgem praticamente todas as noites e por um longo período de tempo. Tomamos o cuidado de preservar a identidade das pessoas e, para tanto, utilizamo-nos apenas das iniciais dos nomes.

INICIAIS DO NOME: A.M.F
TEMA: VIAGEM AO EGITO ANTIGO (RETROSCOPIA)

Durante meu sonho, estou numa tumba egípcia apresentando ao Faraó (acredito que seja ele) os desenhos e as inscrições que estão sendo feitas nas paredes. Em seguida, vejo uma pequena embarcação com quatro ocupantes, dois remadores e um casal real, que acredito serem o Faraó e sua esposa. Não consigo identificar se é o mesmo que estava comigo na tumba, pois estou distante da embarcação.

Agora vejo o Faraó, o mesmo do primeiro momento do sonho, em uma biga [veículo puxado por cavalos], *como se estivesse caçando, pois está correndo muito e há arcos e flechas pendurados no veículo.*

INICIAIS DO NOME: R.C.S
TEMA: CAMPO DE BATALHA (RETROSCOPIA)

No meu sonho, encontro-me no interior de um casarão colonial de dois andares. É ainda bastante cedo quando ouço tiros de canhões na rua em frente. Ao chegar à janela do segundo andar, vejo soldados se enfrentando com canhões e baionetas e muitos civis correndo pela rua.

Não tenho muita certeza, mas diria se tratar de alguma cidade do Nordeste brasileiro pelo estilo das construções, as roupas das pessoas e suas características físicas. *Um dos momentos que mais me chamam a atenção no sonho é quando vejo uma igreja ou convento sendo invadida por soldados, e a figura de uma freira tentando impedi-los. Acontece que os soldados passam através da freira como se ela estivesse na forma de um Espírito.*

Nota do autor: o sonho descrito possui algumas semelhanças com a guerra que ocorreu no estado da Bahia, mais precisamente em Salvador, entre 1822 e 1823. De um lado do conflito, estavam os colonizadores, que desejavam a permanência de Portugal no poder. Do outro, brasileiros que queriam a independência do país. No dia 20 de fevereiro de 1822, a madre Joana Angélica de Jesus foi morta na invasão do convento de Nossa Senhora da Conceição da Lapa.

INICIAIS DO NOME: R.F.S
TEMA: MUMIFICAÇÃO (RETROSCOPIA)

Vejo-me, juntamente com outra pessoa, numa tenda realizando o ritual de mumificação de um corpo. Acho que é no Egito Antigo e vejo todos os passos desse processo. O corpo é colocado numa mesa inclinada, e o lavamos com uma mistura de água e vinho que está num jarro. Em seguida, observo a habilidade da pessoa que está comigo, que não tenho lembranças de conhecer, ao retirar as vísceras do cadáver e colocá-las em alguns vasos separadamente. Com uma haste de metal, ele retira o cérebro através do nariz. Depois, utilizo uma grande quantidade de sal para cobrir praticamente todo o cadáver. Vejo meu ajudante com uma máscara, que acho que representa alguma divindade, com as mãos estendidas sobre o cadáver, enquanto vou enrolando as faixas de tecido.

INICIAIS DO NOME: I.M.F
TEMA: INQUISIÇÃO (RETROSCOPIA)

Este sonho repetitivo não me traz bons sentimentos. Sinto um grande calor e, ao olhar para o lado, vejo uma pequena fogueira à minha direita. As minhas mãos estão sendo usadas para girar uma manivela que faz uma grande roda de madeira girar. Nela, há um homem amarrado pelos pulsos e tornozelos. À medida que vou girando, o seu corpo passa próximo à fogueira e é queimado. Nessa sequência, percebo seu sofrimento por causa dos gritos. Noto uma pessoa em pé, do outro lado da roda. Pelas roupas, parece ser um sacerdote, e vejo que ele se aproxima do homem que está sendo torturado aguardando que o mesmo diga alguma coisa.

INICIAIS DO NOME: V.F.S
TEMA: UMA CIDADE FUTURISTA (PREMONIÇÃO)

Tenho esse sonho praticamente todas as noites. Faço parte da população de uma cidade que flutua sobre as águas dos oceanos. Ela é móvel, como se fosse um grande navio, porém, é redonda. O modelo das casas é muito parecido com os que vejo todos os dias, mas apresentando formas mais modernas, e o material do qual são feitas é mais leve, sutil – são placas acrílicas de várias cores. As ruas são largas e todas convergem para uma praça central. Como a atmosfera parece bastante poluída, a cidade possui uma espécie de redoma transparente que se abre e fecha, *dependendo da hora. Vejo em volta da cidade, pelo lado de fora, como se fossem várias boias na lateral, que acompanham as oscilações das ondas. As pessoas não conversam muito entre si e parecem mais voltadas ao uso de aparelhos ligados à cabeça, como se fossem pequenos eletrodos transparentes que produzem alguns tipos de hologramas que interagem com as pessoas. Não vejo nenhum veículo de locomoção, até porque a cidade é pequena e acredito existirem cerca de umas 100 famílias.*

INICIAIS DO NOME: A.M.F.S
TEMA: ERUPÇÃO VULCÂNICA (RETROSCOPIA)

O sonho que estou narrando me apresenta o momento do meu desencarne. Sinto perfeitamente os efeitos da asfixia produzida por uma densa camada de fumaça que invade a minha cidade, juntamente com fortes explosões, e sinto pedaços de pedras de vários tamanhos atingindo o meu corpo. Primeiramente, me vejo num local onde há dois moinhos de pedra que são movidos por cavalos. Estou atrás de um balcão de pedra, onde são preparados os pães que serão levados aos fornos localizados na parede atrás do balcão. Rapidamente, uma densa camada de fumaça começa a se aproximar do local onde me encontro, tampando a luz do Sol. Escuto muitas pessoas gritando e saio para a rua. As pessoas passam correndo, desesperadas, em busca de um local seguro para se abrigarem. Estou usando uma espécie de vestido feito de um tecido único, na cor cinza. Saio correndo pela rua, virando à direita, onde vejo uma espécie de restaurante com um fogão de pedra com algumas panelas sobre ele. As casas são baixas, feitas de pedras sobrepostas, assim como a rua, que também é pavimentada com pedras. Como a fumaça está ficando muito densa, já não consigo mais enxergar e a respiração está muito prejudicada. O calor é intenso; as pedras começam a cair no chão e são acompanhadas por uma espécie de cinza que queima muito a pele. Nesse momento, percebo que não consigo mais respirar e me sinto sem forças. Uma onda de calor parece que derrete o meu corpo e uma escuridão total toma conta da minha visão.

INICIAIS DO NOME: N.L.F
TEMA: ALTERAÇÕES GEOLÓGICAS (PRECOGNIÇÃO)

Trata-se de um sonho no qual vejo profundas mudanças no aspecto geográfico da Terra. Primeiro, vejo algumas explosões muito fortes ocorrerem na superfície do planeta, em diversos lugares. Estou como que voando a uma altura considerável e, por isso, tenho uma visão bastante ampla da superfície. Curioso é que consigo voar rapidamente ou devagar, dependendo da minha vontade. Percebo que as explosões estão causando um deslocamento dos continentes. Vejo, por exemplo, os continentes sul-americano e norte-americano se afastarem bastante, enquanto o continente africano se aproxima do sul-americano. Interessante é que vejo ocorrerem mudanças também nos outros continentes, e esse deslocamento parece ser realizado por meio de feixes luminosos parecendo cabos de energia luminosa presos nas extremidades em várias partes dos países que compõem seus respectivos continentes. As explosões que vejo no início do sonho não são resultado de guerras ou acidentes, pois não vejo conflitos entre os países. Parecem explosões luminosas apenas, mas não sei defini-las com exatidão.

INICIAIS DO NOME: G.F.B
TEMA: AÇÃO DA MENTE (PRECOGNIÇÃO)

O sonho que vou relatar me acompanha há mais de 10 anos, em praticamente todas as noites. Trata-se de uma cidade em que as "paredes" das casas são feitas de uma substância gelatinosa e modelável. A constituição física das pessoas também é diferente da nossa no que se refere à densidade da matéria que a compõe. Parecem não ter *um corpo de matéria tão densa a ponto de interagir com os objetos. Percebo que, quando me aproximo de uma porta, por exemplo,* é-me permitido *passar através dela. Quando sento num sofá, ele adquire o formato que o meu pensamento determina. É muito interessante também o fato de as pessoas, ao se comunicarem, ejetarem pequenas esferas luminosas carregando a mensagem que, ao chegar* à *outra pessoa,* é *absorvida, e assim o diálogo mental* é *estabelecido. No sonho, me encontro sempre com três pessoas que não tenho lembrança de conhecer, o que ocorre sempre numa praça onde as plantas também são feitas de substâncias luminosas e gelatinosas. Curioso é que, em função das nossas vibrações interiores, as plantas mudam de cor, forma e brilho. Não me lembro qual é o motivo do nosso encontro e nem do assunto que conversamos, mas conservo uma sensação de muita paz durante o sonho.*

INICIAIS DO NOME: P.R
TEMA: A BORDO DE UMA CARAVELA (RETROSCOPIA)

O relato do meu sonho me leva a bordo de uma caravela portuguesa. Esse sonho é recorrente e já o tenho há vários anos. Pelo fato de conseguir ver os detalhes, já andei investigando algumas coisas na História para tentar encontrar alguma semelhança. Acredito que tenha algo a ver com a navegação empreendida por Portugal, no século XV, com o objetivo de se encontrar um caminho para as Índias contornando a África. No sonho, me vejo fazendo parte da tripulação de uma das caravelas, pois são duas, e um barco menor contendo suprimentos. Em determinado momento da viagem, recebemos ordens para deixar o pequeno barco ancorado próximo ao continente e seguimos. *O símbolo da cruz vermelha na vela da caravela me fez identificá-la como portuguesa. Converso com os demais tripulantes em português e sou entendido normalmente. Recordo-me de alguns nomes que são sempre citados, pelo menos o primeiro: Diogo, João e Pêro.*

A nossa viagem seguia sempre acompanhando o litoral; mas, em determinado ponto, o mar começou a ficar muito agitado, e ventos fortes nos obrigaram a afastar a caravela da praia para não batermos nas pedras. Lembro-me de uma intensa agitação a bordo e de ondas enormes, que parecem querer engolir a embarcação. Esse momento do sonho nos traz muita agitação e, às vezes, acordo com muito suor no corpo, como se eu estivesse participando fisicamente do acontecimento.

INICIAIS DO NOME: R.B
TEMA: NO LITORAL

Essa narrativa que passo a apresentar ocorre com muita frequência. Não tenho muita certeza, mas acredito ser no litoral brasileiro, mais por uma intuição do que por alguma coisa que prove isso. Pareço fazer parte de uma comunidade indígena que habita uma região de praia. Nesse sonho, estou participando de uma sequência de rituais num local bastante curioso. Em torno das nossas cabanas, o solo parece formado de conchas quebradas, misturadas com areia e restos de peixes. Vejo outras pessoas, da mesma tribo, realizando tarefas que me parecem estar relacionadas a algum tipo de funeral. Um rapaz cava um buraco no chão, enquanto duas mulheres trazem um corpo com uma venda nos olhos. O corpo está sendo carregado numa espécie de "lençol", suspenso pelas pontas. Mais adiante, jovens preparam adornos (colares, anéis...), pequenos animais mortos são lavados e, depois que o corpo é colocado no buraco, os rapazes trazem esses objetos e colocam sobre o corpo. Depois de enterrado, colocamos pedras e fazemos uma fogueira em torno da qual ocorre uma festividade para comemorar o sepultamento.

Capítulo 8

As Pesquisas do Prof. Palhano

O professor Lamartine Palhano Junior* foi sem dúvida o maior pesquisador espírita do estado do Espírito Santo e um dos maiores do Brasil. Além de uma vasta produção literária, ele criou e manteve durante alguns anos a FESPE - Fundação Espírito-Santense de Pesquisa Espírita, que mais tarde passaria a se chamar CIPES - Círculo de Pesquisa Espírita.

*Dedicado pesquisador da fenomenologia espírita, Lamartine Palhano Junior desencarnou em Vitória (ES) no dia 14 de novembro de 2000. Nasceu na cidade de Coronel Fabriciano (MG) em 15 de dezembro de 1946 e, ainda criança, seus genitores transferiram residência para Vitória.
Casou-se com dona Rosane Lima Palhano e tiveram dois filhos: João Marcelo e Clarice. Graduou-se em Farmácia e realizou seu mestrado na área de Bacteriologia pela Universidade Federal do Rio de Janeiro, doutorando-se, mais tarde, em Ciências. Desenvolveu intensa atividade acadêmica. Lecionou Microbiologia na Universidade do Estado do Espírito Santo e Patologia na Universidade Federal do Espírito Santo. Contribuiu de forma marcante com o Movimento Espírita em várias áreas: pesquisas científicas no campo mediúnico, publicação de livros, realização de palestras e cursos diversos.
Iniciou a Fundação Espírito-Santense de Pesquisa Espírita (FESPE) e, logo depois, o Círculo de Pesquisa Espírita de Vitória (CIPES). Participou de alguns seminários

Tive a grata oportunidade de fazer parte desse grupo, onde obtivemos muitas informações importantes acerca dos fenômenos espíritas, tendo sempre o nosso querido Palhano como orientador das pesquisas.

Palhano foi o criador da chamada "varredura medianímica", técnica que se utiliza dos recursos mediúnicos e anímicos (provenientes do próprio indivíduo), cujo objetivo é captar, com riquezas detalhes, informações do ambiente material e espiritual onde se encontra o indivíduo cujo nome foi apresentado para o tratamento espiritual da obsessão ou para a obtenção de informações relativas às pesquisas de retroscopia e premonição.

Essa técnica se utiliza do chamado transe canalizado. O transe é um estado anômalo da consciência, em que ocorre a dissociação psíquica de determinadas regiões do corpo espiritual que se relacionam com o cérebro humano. Temos como exemplo, o caso da psicofonia em que o Espírito comunicante usa os recursos fonadores do médium para transmitir uma informação oral. Nesse caso, o médium está sofrendo uma dissociação psíquica no centro da fala (área de Broca), cuja localização está na terceira circunvolução frontal esquerda do cérebro. Momentaneamente, o médium perde parte do controle sobre essa região e o Espírito pode utilizá-la. Trata-se de uma atividade automática que depende apenas de uma sintonia entre o médium e o Espírito.

O transe pode se apresentar em três níveis de intensidade que são: **superficial**, com uma total lucidez do médium, **hipnogógico**, onde o médium apresenta uma semi-lucidez e **profun-**

do Instituto de Cultura Espírita do Brasil (ICEB), no Rio de Janeiro, e deu grande contribuição à Casa Espírita Cristã de Vila Velha (ES).

Em sua extensa bibliografia constam livros infantis, infanto-juvenis, de estudos bíblicos, biográficos (*Mirabelli – um médium extraordinário*, *Dossiê Peixotinho* e outros), dicionários (*Léxico Kardequiano* e *Dicionário de Filosofia Espírita*), científicos (*Experimentação Mediúnica* e outros) e romances.

Antônio de Souza Lucena

Fonte: Anuário Espírita 2002 – IDE

do, também chamado de inconsciente. No transe canalizado, o Prof. Palhano conseguia direcionar e orientar o médium ou percipiente, durante o deslocamento realizado em função do semidespreendimento produzido no mecanismo do transe.

A partir dessas experiências, foi possível coletar informações que resultaram numa obra do Prof. Palhano intitulada "Viagens Psíquicas no Tempo". Como se trata de uma pesquisa que se relaciona com o propósito do nosso livro, vamos utilizá-la, nesse capítulo, com o intuito de torna-la mais conhecida e, ao mesmo tempo, prestar uma homenagem ao meu querido e saudoso amigo Lamartine Palhano Junior.

1° EXPERIMENTO
REGRESSÃO TERAPÊUTICA

> *Entrando na vida corporal, o Espírito perde momentaneamente a lembrança de suas existências anteriores, como se um véu as ocultasse. Todavia, ele tem algumas vezes uma vaga consciência e elas podem mesmo lhe ser reveladas em certas circunstâncias; mas é apenas pela vontade de Espíritos superiores que o fazem espontaneamente, com um fim útil e jamais para satisfazer uma vã curiosidade.*
>
> ALLAN KARDEC
>
> *O Livro dos Espíritos*, questão 399.

Data: 14/10/94.

Investigador: Lamartine Palhano Junior, responsável pelos procedimentos junto à médium Jamile.

Médium vidente: Olímpia F. S. Guimarães (Olímpia), que se dispôs a assistir psiquicamente a esses primeiros procedimentos.

Paciente: Jamile d'Alambert, que se submeteu, por solicitação dela mesma, às práticas do transe canalizado, numa busca das causas espirituais dos problemas orgânicos que tanto lhe afligiam. Inicialmente, pediu para que fosse hipnotizada e tentada uma regressão de memória, mas, em tempo, foi verificado que, por ser médium, seria mais prático induzi-la ao transe canalizado.

Tempo de duração: uma hora.

Motivo: Tratamento catártico por regressão ao passado. O que motivou essa experiência foi a necessidade de ajudar a percipiente, que há muito tempo vinha queixando-se de perda de fluido vital, o que a deixava muito cansada e desanimada para exercer suas atividades diárias e da profissão. Ultimamente, verificou que este fato estava se acentuando muito - cada vez mais aumentava a sensação de que iria ficar pouco tempo viva; achava-se envelhecida, apesar de a aparência não condizer com seu estado de espírito. Além disso, passou a sofrer muito com distúrbios hormonais, sangramentos excessivos, dores insuportáveis e, por fim, contava já com dois meses de atraso menstrual quando foi feita a regressão. Percebia, constantemente, que perdia fluido pelo centro de força genésico, de onde exalava uma espécie de "fumaça" esbranquiçada. A partir dessa experiência, decidiu-se avançar numa pesquisa mais elaborada, quando, então, um projeto foi delineado.

Desenvolvimento:

Inicialmente, foi feita uma prece (já que esta é uma pesquisa espírita), invocando a assistência dos bons Espíritos hipnotizadores e magnetizadores para que participassem da experiência e facilitassem o transe através da hipnose mediúnica, visto que estávamos tentando aliviar a percipiente de incômodo mal-estar que parecia vir do seu passado. Ela, Jamile, havia pedido socorro e ajuda, pois sentia-se esvair fluidicamente a partir do centro de força genésico. Ficava enfraquecida e desanimada. Percebia que fizera algo terrível no passado. Como Jamile possuísse uma facilidade muito grande de entrar em estado de transe, ficou estabelecido que não haveria hipnose, mas ela, ao colocar-se em tal estado, procuraria voltar ao seu passado, e essa volta seria canalizada por nós, como explicado na nossa monografia *Transe e Mediunidade* (Lachâtre, 1998).

Jamile, então, recostada, em estado corporal de relaxamento, entrou em transe assim que se concentrou para a prece de invocação, e viu a atividade espiritual do ambiente, o que lhe deu maior tranquilidade: três entidades se revezavam no trabalho de passe. Essa visão informou aos investigadores que Jamile estava em transe parcial e superficial (consciente). Iniciou-se a regressão por transe canalizado, induzida pelo investigador:

Investigador - Jamile, não tenha receios. Você vai voltar no tempo. Pense na sua infância, em algo agradável daquele período; você vai lembrar, vai lembrar...

(Olímpia escreveu: Menina pequena - lágrimas - pai e mãe.)

Jamile, então, passou a relatar de viva voz os acontecimentos:

Jamile - Vejo-me na fase da infância, bem pequena, com meu pai e minha mãe, agitada e levada. Sou ainda menor, no colo materno, como neném. Agora me vejo no útero (viagem rápida, ela se sentia em completa segurança). Quase imediatamente, sinto-me sendo carregada por duas entidades, uma de cada lado. Estou na dimensão espiritual (permeio entre reencarnações), no momento da reencarnação, em transe, sendo carregada para o órgão identificado como útero, envolta em uma veste branca, comprida até ao chão, sonambúlica, parece um filme retroagindo, retroagindo...

Com o incentivo do investigador, para que retroagisse mais no passado, procurando fixar-se na época relacionada a seus problemas de saúde, Jamile começou a ver cenas que corriam desordenadas, numa velocidade vertiginosa, até se fixar em uma imagem específica:

(Olímpia escreveu: "Senhorinha ou Sinhazinha.")

Jamile - Vejo-me usando vestidos longos, muitas saias, peruca, joias, muita futilidade...

Investigador - Que época é essa?

(Olímpia escreveu: "França - Bastilha.") Jamile, de olhos fechados, não leu o que Olímpia havia escrito, mas falou:

Jamile - França, no tempo da Revolução Francesa... - começou a chorar.

Investigador - O que está sentindo? Estamos com você, não precisa se preocupar. O que lhe aconteceu nessa época que a magoou tanto?

Jamile - Traição, foi traição.

Investigador - Quem traiu quem? Você traiu alguém?

(Olímpia escreveu: "Envolvimento em questões sexuais, com graves consequências. Promiscuidade sexual e prostituição.")

Jamile - Eu traía... muitas pessoas estavam envolvidas. Vejo um homem que me passa a sensação de tragédia; há um clima de volúpia e frivolidade.

Investigador - Quem é volúvel?

Jamile - Eu! Eu não queria nada sério, me sentia inatingível, senhora de mim mesma. Envolvia todos, mas não queria compromisso com ninguém, nem com nada. Era uma inconsequente.

Investigador - O que fez para que essa época a marcasse tanto?

Jamile - Eu não vejo! Não quero ver!

(Olímpia escreveu: "Disputa. O pai não queria a criança.")

Investigador - Aconteceu alguma coisa séria que a magoou muito. Vamos ver o que é, pois será para o seu próprio benefício.

Jamile - As minhas mãos estão dormentes.

Investigador - O que você fez com elas?

Jamile - [Chora muito] Eu matei!

(Olímpia escreveu: "Morte do filho. Arrependimento do passado.")

Investigador - Quem você matou?

Jamile - Eu matei. Foi horrível. Meu Deus! Eu não podia ser descoberta. Não podia ser de outra maneira. Não tinha outro jeito... [Continuou chorando muito, pois, naquele momento, Jamile passou não apenas a se lembrar, mas vivia a cena - ela estava dentro da situação, percebendo os mesmos sentimentos de horror da época.]

(Olímpia escreveu: "Julgada e condenada por ela mesma.")

Investigador - Mas descobriram você, não foi? A sociedade descobriu? Ficaram sabendo? Você foi julgada ou condenada por isso?

(Olímpia escreveu: "A sociedade nega tudo.")

Jamile - Não, naquela época não. Muita gente ajudou a encobrir, muita gente ligada a mim. A nobreza escondia muita coisa; naquela época, tudo era válido, tudo era permitido. Só a minha consciência não perdoou.

Investigador - Está mais calma?

Jamile - Minha mãe também está envolvida em tudo isso. Ela não aceitava o fato de ter uma filha falada na sociedade. Era uma vergonha para todos que eu estivesse grávida. Haveria de ser feito algo para limpar a honra da família.

Investigador - E seu pai?

Jamile - Meu pai [chora novamente] mandou matar o responsável através de um duelo. Meu irmão duelou com aquele que era o pai da criança e o matou. Tanta coisa aconteceu! Não houve chance de uma retratação do rapaz. Ele queria acertar as coisas, mas não lhe foi dada chance.

(Olímpia escreveu: "Pai dela no passado, filho dela hoje.")

Investigador - Esse seu pai, hoje, já está junto a você. Já está tudo sendo reajustado. O passado já está sendo reajustado. Vai lembrar-se disso e acalmar-se depois.

(Olímpia escreveu: "Útero - Ferimento lesivo.")

Jamile - Eu lesei mais. Quando vi todas as consequências do que eu provocara com minha leviandade, fiquei desesperada. Fraca, frágil e acovardada pelo medo do que pudesse me acontecer, peguei um estilete de abrir lacres e tentei o suicídio, enfiando-o na barriga, em direção ao meu útero, aumentado de tamanho pela gravidez já bem evidente.

Investigador - Esta talvez seja a causa ou uma das causas de suas angústias. Como se sente diante de tudo isso?

Jamile - Angústia, muita angústia! Vejo-me desesperada num quarto, sozinha, enlouquecida... Oh! Em cima da penteadeira há um abridor de cartas... eu o seguro... minha intenção é matar-me, morrer, pois tenho de sair dessa situação em que me coloquei. Buscando a barriga grávida, apunhalo-me, tentando destruir, também, toda a causa de minhas desditas. Primeiro, quis atingir o coração, mas depois o ímpeto foi de destruir a criança, a causa de todo aquele sofrimento. A sociedade, a família, as circunstâncias não me perdoavam.

Investigador - Que aconteceu depois?

Jamile - A empregada viu e chamou todos. Vieram em meu socorro... Muito desespero... Acudiram-me, chamaram uma parteira, fizeram de tudo, mas não foi possível salvar a criança. Fiquei ferida e enfraquecida, perdi muito sangue.

(Olímpia escreveu: "Foi levada para um castelo com pilastras e um jardim central.")

Investigador - Mas vamos adiantar um pouco. Vamos ver o que foi acontecendo. Depois que se feriu, para onde você foi levada?

Jamile - Minha família resolveu internar-me num convento de freiras. Lá permaneci exilada, ferida, sem poder andar direito. Muita solidão. Meus familiares diziam que eu havia morrido. De minha parte tomei consciência de meus atos e aceitei a situação como uma punição. Fui para uma espécie de convento...

(Olímpia escreveu: "Padre muito amigo - ela escrevia muito.")

Jamile - Somente um padre amigo, meu confessor, aparecia lá. Como sempre havia feito, dava-me conselhos e animava-me a resignar-me. Ele me ajudava, dando conselhos e livros para ler.

Investigador - Escrevia para você? Você escrevia para ele?

Jamile - Ele ditava e eu escrevia, poemas lindos, muitas coisas bonitas. Foram momentos de clausura, nos quais pude meditar e refazer-me. Lia o Evangelho para mim, tentando espiritualizar-me; tentava despertar-me para as coisas espirituais. Mas sentia-me cada vez mais enfraquecida. Então, veio a tuberculose pulmonar. Eu ficava isolada, enclausurada; morava numa espécie de cela, com poucos móveis. Havia uma mesa grande de madeira no centro do cômodo, ladeada por bancos compridos, também de madeira, tudo muito simples. A cama era encostada na parede, com um crucifixo pendurado acima da cabeceira. A janela era no meio do cômodo, larga e alta, onde eu passava algumas horas do dia, geralmente mais à tardinha, sentada em seu peitoril, que era baixo como um banco e próprio para isso, olhando para o centro dos jardins. Era como se a minha cela ficasse em uma das torres. Permaneci ali por dez longos anos e faleci. Cheguei ao mundo espiritual bastante refeita, devido às minhas meditações e às preces do padre amigo, que intercedia sempre por mim. No dia em que fui resgatada na outra vida, ele [o padre] estava presente e me ajudou muito. Morri só, longe de todos os meus familiares, que já me consideravam morta desde o dia trágico de minha desdita. Colocaram-me ali para que não ficasse desamparada de todo e pudesse viver dignamente até o fim.

(Olímpia escreveu: "Hospital no mundo espiritual.")

Investigador - Para onde você foi levada, assim que se deu conta de que estava desencarnada?

Jamile - Fui para uma espécie de hospital. Precisei de tratamento para as chagas que ainda estavam vivas em meu corpo espiritual, as lesões dos pulmões. As do útero eram chagas que eu mesma deveria curar, eu mesma deveria conseguir a cicatrização, e não seria fácil; precisaria de muitas outras oportunidades.

Investigador - Ao recuperar-se e sair do hospital, quais as providências ou atitudes que tomou?

Jamile - Depois que fui ajudada, levaram-me para um lugar muito bonito, no mundo espiritual, onde havia uma escola grande, que lembrava uma universidade com suas paredes brancas, pilastras, auditório, muita gente. Vejo muitos jardins. Eu passava horas no jardim, sentada num banco de pedra, junto às flores, debaixo das árvores, meditando, lendo, rezando e [chora] pedindo uma outra chance, outra oportunidade. Alguém chegou! Ah! Uma senhora desencarnada pegou a minha mão e disse que eu deveria ter fé, pois iria conseguir uma outra chance. Era uma construção grande, de pedra, rústica, parecendo um castelo.

Investigador - Está mais calma?

Jamile - O remorso continua; tenho muitos. Apesar de mais esclarecida, pois toda a carga de conhecimento que levei do mundo ampliou-se no mundo espiritual, a necessidade é de voltar e refazer, refazer, refazer. Mas, antes, tive muito trabalho e muito estudo.

Investigador - O seu corpo espiritual ainda estava lesado?

Jamile - Não me vi lesada.

(Olímpia escreveu: "Refazer e reconstituir o útero. Há uma máquina semelhante à de Kirlian.")

Investigador - Teve algum trabalho de reconstituição?

Jamile - Tive. "Eles" me levaram para uma câmara de luzes, na qual foi feita uma irradiação e, depois, curativos magnéticos sucessivos. Ficou a cicatriz. O órgão deveria voltar com uma lesão, mas em condições de me dar chances de reconstituir o que eu havia ferido. O problema da cicatriz ficava em aberto, e eu, com o trabalho e com os recursos da reencarnação, iria caminhando para uma futura estabilização.

(Olímpia escreveu uma orientação espiritual: "Vamos tirar a cicatriz com as atividades de hoje junto a Jamile.")

Investigador - Uma futura estabilidade numa encarnação próxima?

Jamile - É, e as mãos [chora novamente], eu teria de usá-las com as crianças. Ajudei muitas no momento em que pude. Fiz muitos partos.

(Olímpia escreveu: "Pontos cirúrgicos, muita cirurgia...")

Investigador - [Pergunta para Olímpia]: Ela participou de cirurgias numa encarnação passada?

(Olímpia escreveu: "Outra vida.")

Jamile - Nessa vida que estou vendo agora.

(Olímpia escreveu: "Dar pontos cirúrgicos.")

Investigador - Vamos rever essa outra vida, logo depois daquela em que você criou tantos problemas para si mesma, na França revolucionária.

(Olímpia escreveu: "Habilidade cirúrgica. Ela era uma enfermeira.")

Jamile - Voltei para a França 100 anos depois, em tempos de guerra. Dediquei-me a uma vida de isolamento, não me casei. Fiz parte de uma instituição de conduta rígida.

Investigador - Que tipo de tarefa era a sua nessa existência?

Jamile - Vejo-me num hospital em época de guerra. Sou uma enfermeira.

Investigador - Ajudava nas cirurgias?

Jamile - Ajudava nos hospitais, assistindo aos soldados feridos. Havia muitas crianças, atendia às mulheres grávidas, em partos, trabalhava noite e dia.

(Olímpia escreveu: "Sorri, alegria, lágrimas de alegria.")

O semblante de Jamile ficou mais tranquilo, sereno, e um sorriso suave esboçou-se em seu rosto, como Olímpia previra por escrito.

Jamile - Sim! Eu auxiliava os doentes de guerra, os partos.

Investigador - Nessas cirurgias você dava pontos, ajudava e sorria por essa oportunidade.

Jamile - Muito sofrimento em volta.

Investigador - Você teve muita alegria por refazer tudo. Mudou tudo, do sofrimento para a alegria de servir.

(Olímpia escreveu: "Houve muitos casos de ferimentos infectados, secreções... suas mãos trabalharam muito.")

Jamile - As minhas mãos estão ficando luminosas.

Investigador - As mãos fecham as feridas, cicatrizando tudo, pensando as feridas. As mesmas que antes eram criminosas, agora iluminadas, curam.

Jamile - Vejo-me mais idosa, calma, segurando minhas próprias mãos, feliz, como se uma etapa já estivesse cumprida.

(Olímpia escreveu: "Há um médico do mundo espiritual aqui. Temos muita segurança espiritual no ambiente.")

Jamile começou a sentir-se triste, seu semblante mudou para uma aparência cansada.

(Olímpia escreveu: "Sente-se cansada. Está numa fase de velhice. Não deve se sentir assim.")

Investigador - Jamile, há um médico do plano espiritual

ajudando em todo o processo. Você está enfrentando tudo com segurança agora. Não há motivos para insegurança. Há um presente promissor, de novas lutas, mas com muitas alegrias. Deixa essa velhice e cansaço para trás. Tenha ânimo novo; nada de velhice e cansaço, jovialidade e ânimo novo.

Agora você vai voltando lentamente... tranquilizando-se.... voltando lentamente. Todos estamos recebendo fluidos bons dos médicos espirituais. Não se sentirá cansada. Quando chamar o seu nome, você vai despertar, serena, segura e tranquila.

Jamile!?...

Jamile - Estou bem!

Olímpia então pediu a palavra e disse:

- Aqui está uma orientação do médico espiritual para ajudá-la - e escreveu: "Tomar água fluidificada duas vezes ao dia por uma semana, às 4h e às 21h (horário de escape da energia da paciente)."

***

Concomitante à regressão, a médium Olímpia também entrou em transe e, solicitada pelo médico espiritual a participar da experiência ativamente, descreveu o que viu, confirmando a narrativa da médium em regressão, antecipando as cenas que iriam acontecer, escrevendo num papel. Olímpia via as cenas que eram vistas por Jamile e conseguia escrever de modo rápido, passando as palavras-chaves que definiam as percepções. Foi um trabalho muito conclusivo.

Três dias após a regressão, normalizou-se o quadro clínico da percipiente, com suas regras menstruais sem dores e sem muito sangramento, consideradas por ela como um fluxo normal. Com a normalização da saúde de Jamile, e diante da facilidade com que ela atingiu o transe canalizado, resolvemos dar prosseguimento às pesquisas. Elaboramos um projeto para estabelecer as causas primárias de nossos sofrimentos expiatórios e seus desenvolvimentos até os dias atuais.

Devemos acrescentar, aqui, um fato novo de percepção, vindo de outra médium, numa oportunidade em que estávamos ultimando a redação final desse episódio. A Sra. Mª Glória Fernandes, após ouvir o relato dos autores, disse, maravilhada:

- Vi tudo o que vocês narraram, como numa tela de cinema. À medida que os acontecimentos foram narrados, eu via, nitidamente, tudo o que realmente ocorreu: a mocinha no quarto, desesperada, ferindo-se, sendo socorrida. Foi tão real que fiquei torcendo para que ela saísse bem de tudo aquilo. Acalmei-me quando a vi recuperada no mundo espiritual.

Assim, também os médiuns que, por um momento, prestarem atenção e estabelecerem transe, poderão ver as cenas desse passado, e quem sabe todas as visões catalogadas neste livro, pois que *tudo está escrito na natureza acessível de Deus.*

2º EXPERIMENTO
VIAGENS NO FUTURO

O poder da segunda vista varia desde a sensação confusa até a percepção clara e nítida das coisas presentes e ausentes. No estado rudimentar, ela dá, a certas pessoas, o tato, a perspicácia, uma espécie de segurança de seus atos, que se pode chamar a precisão do golpe de vista moral. Mais desenvolvida, ela desperta os pressentimentos ocorridos ou em vias de ocorrer.

ALLAN KARDEC

O Livro dos Espíritos, questão 455

Data: 17/05/95.
Assunto: Progressão da consciência no tempo.
Investigador: Lamartine Palhano Junior.
Médium vidente: Jamile d'Alambert.
Percipiente: Mª S. P. França (Mª S)

Por motivos pessoais, a médium Olímpia precisou ausentar-se da cidade, e ficamos esperando outra oportunidade. Foi quando se apresentou para as pesquisas a médium vidente Maria S. França, possibilitando a realização de algumas prévias. Essa médium tornou-se assídua nas sessões e logo se entrosou, mostrando-se apta para a tarefa de visualizar as cenas antecipadamente ao que seria descrito pela percipiente.

Procuramos, então, realizar uma prévia, inclusive para saber da facilidade de Maria S. avançar no futuro ou no passado. Solicitamos a ela que relaxasse bem, sem nenhum receio, e entrasse em transe, procurando ter as mesmas emoções e sentimentos daqueles momentos em que se sentia em transe nas reuniões comuns de prática mediúnica:

Investigador - Maria, permaneça bem tranquila, não tenha receios, pois estamos aqui junto a você. Sua facilidade de entrar em transe vai ajudar muito. Concentre-se, calma e serenamente, sem esforço mental. Não brigue com os pensamentos estranhos ou com qualquer barulho. Deixe que cuidemos de tudo. Concentre-se e, assim que você sentir que está em transe, fora do corpo, você vai para o futuro. Pense no futuro. É um experimento simples, apenas para verificar se você consegue. Quando as percepções iniciarem, comece a descrever para nós o que sente e vê.

30 segundos depois:

Maria S. - Estou vendo um redemoinho à minha frente.

Investigador - Preste bem atenção: você está vendo o *vórtice psíquico*. Isso é bom. Muito bom. No momento em que ele se estabilizar, você entra nele, sem receio. Estamos aqui do seu lado. Fique calma e segura...

Maria S. - Está tudo rodando!... Há um túnel!...

Investigador - Entre no túnel. Entre...

Maria S. - Tenho medo!...

Investigador - Entre. Estamos com você o tempo todo...

Maria S. - Entrei!... Saí do ambiente. Estou andando num

corredor... Estou como que muito pequena, num túnel grande, muito grande. É interessante... enorme... silêncio total... Viajo numa velocidade espantosa... no meio de tudo... É belo...

Investigador - Vá em frente. Procure observar tudo e continue relatando.

Maria S. - Estou vendo etapas da minha vida, estou crescendo, envelhecendo... Estou me aproximando de um clarão, estou chegando perto da saída do túnel... É muito claro... Muito claro...

Investigador - Prossiga.

Maria S. - Estou baixando... estamos descendo... pisei no chão. Tenho medo...

Investigador - Não tenha receio nenhum. Estou aqui com você. Preste atenção no que há à sua volta.

Maria S. - Estou dentro de um lugar... [o mesmo local onde a médium estava, no laboratório] ... Vazio, não há nada aqui...

Investigador - Que lugar é esse?

Maria S. - Vitória?!... Está tudo diferente...

Investigador - Você está no mesmo lugar. Qual é o ano?

(Jamile escreveu: "2020, os carros passam por cima, como se voassem, rápidos, há viadutos que permitem maior rapidez dos veículos.")

Nota do investigador: Talvez seja uma data mais à frente. Não houve muita precisão e as mudanças vistas foram muito avançadas para pouco tempo adiante.

Maria S. - Muitos prédios coloridos, as ruas são diferentes, o calçamento é diferente.

(Jamile escreveu: "Há casas no mar... cidades inteiras construídas no mar, blocos inteiros dentro de cúpulas, debaixo d'água, interligados por túneis artificiais.")

Maria S. - É época de Natal, a psicosfera está melhor... a atmosfera também. Onde estou está mais claro... fizeram viadutos e aproveitaram o mar para o tráfego. Existem verdadeiras cidades no mar.

(Jamile escreveu: "São blocos em cúpulas interligadas por túneis artificiais.")

Maria S. - Mas, coisa estranha! Os prédios estão construídos sobre grandes molas!?

(Jamile escreveu: "Por causa dos terremotos e tremores de terra... tem acontecido muito isso no mundo todo, aqui no Brasil também!")

Nota do investigador: Durante o II Congresso Espírita do Estado do Espírito Santo, em abril de 1995, quando tivemos a oportunidade de estar com o estimado pesquisador espírita Hermínio Correia de Miranda, ele nos havia dito que a psicóloga Helen Wambach, em experimentos de progressão da memória com seu discípulo, Dr. Snow, fê-lo ir a 1998, quando ele viu grandes catástrofes nos Estados Unidos. Então, na oportunidade da progressão com a médium Maria S., tentei saber mais alguma coisa, sem que ela soubesse da situação descrita pelo Hermínio, que foi a seguinte:

Chet B. Snow não apenas aderiu ao projeto da *Dra.Wambach, como acabou concordando, ele próprio, em submeter-se a uma experiência de progressão na qual, aliás, revelou-se excelente sujeito. Foi assim, numa tarde de julho de 1983, no consultório da Dra. Wambach, na Califórnia, que, após ter mergulhado no estado alterado de consciência pela psicóloga, Chet Snow viveu uma dramática "lembrança do futuro", na qual se via, em 1998, em desolada região do estado do Arizona, como integrante de uma pequena comunidade de pessoas que haviam sobrevivido a violentos cataclismos. As condições climáticas locais mostravam-se profundamente alteradas em relação ao que são hoje, de vez que, no mês de julho, em pleno verão no hemisfério norte, e em local onde a norma seriam as temperaturas elevadas, fazia frio e soprava um vento glacial. Além do mais, a região parecia despovoada e com escassas possibilidades de comunicação com o resto do país. As condições de vida eram primitivas, a alimentação constituía prioridade absoluta, a habitação (coletiva) não passava de um abrigo precário para algumas dezenas de pessoas lideradas por uma mulher. [Miranda,* Lembranças do Futuro, *págs.* 13-14].

Investigador - Maria, está bem. Volte ao tempo atual, volte devagar, nada receie. Você estará bem.

Ela foi regredindo, sentiu-se velha e, de repente, como que horrorizada, percebeu a perda de um ente querido.

Maria S. - Oh! Oh! Morreu? Está morto...

Investigador - Todos iremos estar diante desses problemas. Volte, saia daí, saia...

Ela voltou totalmente e sentiu-se segura. Aproveitei e mostrei-lhe a data que estava em meus pensamentos, citada por Snow em seu livro *Mass Dreams of the Future*, que havia chegado para mim, por encomenda, dos Estados Unidos. Escrevi numa folha de papel: 1998. Mostrei para ela.

Maria S. - O que você quer saber?

Investigador - Sobre essa data...

Ela olhou-me significativamente por alguns instantes, e...

Maria S. - Desastres!?... Oh! Meu Deus! Olhem, destruição, terremotos... Vai mudar muita coisa... Perda de vegetação, muita devastação... O mar revolto... Problemas em São Francisco... Quebec, oh! As geleiras deslocando-se... O Canadá será atingido... O Japão também...

Nota: Recentemente, início de 1998, ventos e chuvas fortes têm assolado a costa oeste da América devido ao fenômeno El Niño.

Investigador - É que você está vendo tudo rapidamente, como se as ocorrências fossem num momento só. Não entre em pânico. O mal dos profetas é que, vendo dessa forma, tornam-se apocalípticos. E o Brasil?

Maria S. - Sofrerá danos também... Tremores, casas rachadas... Terremotos mais ao norte.

Investigador - Parece uma comoção mundial.

Maria S. - Sim, haverá uma espécie de limpeza atmosférica e os vulcões terão participação nisso... Muitos animais e plantas serão perdidos... Virá uma nova era... Por alguns anos teremos terremotos... Vem muito frio, depois calor, depois frio novamente. Vai nevar no sul do Brasil.

Nota do investigador: Hoje, dia 16 de julho de 1996, notifico que há duas semanas nevou de fato no sul do Brasil, como nunca antes havia nevado - o máximo que ocorria era uma geada forte. Mas agora caiu neve realmente, um ano depois de ser enunciada por Mª S. É por isso que ela, antes, viu os prédios do futuro com molas. São, provavelmente, recursos contra terremotos.)

Investigador - Quem viver, confirmará ou não os acontecimentos. Mas essa é mais uma confirmação, entre outras. Estejamos preparados, pois o importante é que nossos espíritos estejam em paz, na bonança ou na catástrofe, neste ou no outro mundo.

Terminados os trabalhos e satisfeitos com os resultados, sentimo-nos mais encorajados a prosseguir com os experimentos. As médiuns estavam bem e nenhum acidente de percurso havia acontecido. Inclusive, as próprias médiuns perceberam, no ambiente, algumas entidades amigas interessadas nas pesquisas.

Em tempo: desde o final de 1997, o fenômeno El Niño tem assolado a costa oeste dos Estados Unidos, com grandes estragos ecológicos. [15.04.1999]

Abordagem Final

A teoria fisiológica e a psicológica apresentam explicações importantes ao entendimento do mecanismo dos sonhos, porém, não conseguem atribuir significado a todas as ocorrências oníricas. Cabe às informações oferecidas pela Doutrina Espírita a tarefa de ampliar os horizontes interpretativos, elucidando de forma racional o fenômeno em estudo.

É bastante lógica, de acordo com a interpretação fisiológica, a atuação do mecanismo cerebral durante o sono, produzindo o retorno de certas imagens e ocorrências vivenciadas pelo indivíduo durante os seus labores diários. Tanto é verdade que comumente sonhamos com fatos ocorridos durante o dia ou até em dias, meses e anos já transcorridos. São imagens facilmente captadas durante o relaxamento físico e que compõem um cenário, muitas vezes, de fácil identificação, enquanto em outras ocasiões a identificação e interpretação são bastante complicadas.

Havendo condições, conforme nos ensina o Espiritismo, o espírito se desprende parcialmente e busca a sua liberdade no mundo de onde veio antes de se encontrar reencarnado. É natural que, nesses momentos, relacione-se com outros espíritos que se encontram na mesma esfera de atuação, permutando informações, trocando impressões e avaliando ocorrências dentro de suas programáticas evolutivas.

É comum verificarmos o encontro entre amigos e parentes que já transpuseram as barreiras da morte física e aqueles que ainda se encontram no mundo físico; durante o sono, isso pode ocorrer, e as lembranças constituirão os sonhos. Podemos, também, nos deparar com inimigos e desafetos que estão residindo no além, sofrer horríveis perseguições e agressões e registrar tais encontros na forma de pesadelos assustadores. É justamente nesse momento que a teoria psicológica falha em sua visão de que os sonhos são meras fantasias, e como tais devem ser tratados.

A relação estabelecida entre espíritos, durante o sono, no mundo espiritual não pode ser considerada uma fantasia. É uma realidade insofismável com toda uma participação de sensações e atitudes que acarretam, muitas vezes, mudanças significativas em nível de comportamento dos envolvidos. Como poderemos considerar uma fantasia o encontro que muitos já tiveram com algum ente querido que se encontra domiciliado no além - e em locais onde ambos nunca estiveram antes? Trata-se, por acaso, de assuntos que estão intimamente relacionados com as necessidades do momento, sendo os mesmos desconsiderados em outras oportunidades? Sem falar dos diversos momentos de aprendizado que temos com os benfeitores espirituais, aproveitando-nos da pouca influência da matéria sobre nós nesse momento.

Durante o sono, o espírito se mantém ligado ao corpo físico por prolongamentos do períspirito a constituírem uma espécie de cordões fluídicos, que permitem a sua movimentação sem prejudicar as funções orgânicas. As ligações entre o espírito e o corpo ocorrem nas regiões mais importantes do períspirito, denominadas de Centros de Força - que, em nível físico, correspondem-se aos plexos.

As imagens captadas pelo espírito são transmitidas ao corpo físico através desses laços fluídicos. O plexo coronário, localizado no alto da cabeça, é o responsável direto pela recepção das mensagens enviadas pelo Centro de Força Coronário, localizado no corpo espiritual.

As informações, por sua vez, são dirigidas aos mecanismos cerebrais a fim de serem ordenadas e apresentadas como cenas vivas a bailarem na tela mental do sonhador. A tese espírita complementa de forma ajustada os demais modelos explicativos dos sonhos.

O mecanismo da emancipação da alma oferece recursos preciosos para entendermos a projeção do espírito no mundo de dimensões extrafísicas, de onde realçamos a obtenção de informações, contatos espirituais e lembranças de vivências anteriores, que passam a constituir imagens que sobrevivem na forma de sonhos.

Durante esse processo, encontra-se o espírito em estado de semiliberdade em relação à matéria que lhe constitui a forma física, tendo bastante amplitude de percepções já que a matéria não lhe exerce uma influência por demais intensa. Isso permite que os arquivos existenciais que se encontram armazenados em sua estrutura espiritual sejam estimulados de forma a constituírem elementos vivos a bailar em sua atividade onírica.

Por ocasião da morte física, o espírito experimenta uma reentrada no mundo espiritual, deixando a sua indumentária carnal, e transporta consigo todo o seu patrimônio espiritual. Existem registros de todas as nossas vidas anteriores nos arquivos de nossa alma. São informações que não se perdem e que funcionam como elementos de direcionamento da atividade da lei de causa e efeito.

Durante o sono, penetramos de forma provocada ou espontânea nesses campos de informações armazenadas e nos encontramos vivenciando aqueles momentos que, por uma razão ou outra, exerceram sobre nós uma forte influência. Podemos nos utilizar dessa informação para entendermos os chamados sonhos repetitivos, que nos buscam com certa frequência, causando-nos, na maioria das vezes, uma certa preocupação. Trata-se, em muitos casos, de fatos e acontecimentos que nos marcaram de forma indelével e que, consequentemente, exercem uma atração bastante considerável sobre o nosso psiquismo.

Podemos definir tais sonhos como de retrocognição ou retroscopia, já que nos oferecem o conhecimento de fatos passados. É natural que tenhamos, na maioria das vezes, uma certa dificuldade em enfrentarmos a nossa realidade anterior na atual fase existencial, em virtude dos desatinos que cometemos.

São os geradores de conflitos, angústias e demais problemas que se manifestam em nossa realidade atual. Em *O Evangelho Segundo o Espiritismo*, Kardec analisa essa questão de maneira bastante lógica, apresentando o estudo relativo às causas atuais e às causas anteriores das aflições.

Atualmente, estuda-se o mecanismo denominado por alguns de Regressão de Memória. O indivíduo, através de sugestão hipnótica, é deslocado no espaço/tempo alcançando outras fases de sua existência, transpondo as barreiras da vida atual. Projeta-se o indivíduo no recuo do tempo, buscando informações que se encontram nesse momento, mas estão sendo sufocadas. Os arquivos vivos da criatura são estimulados a aflorarem e surgem os quadros típicos que caracterizaram o tipo de vida do paciente.

O fenômeno onírico, em determinadas situações e pessoas, produz efeito semelhante, sendo que o contato com as informações das vidas anteriores ocorre, na maioria dos casos, de forma espontânea, sem a necessidade de técnicas hipnóticas. Existem casos de hipnoses produzidas por espíritos com o objetivo de se realizar a Regressão de Memória. Tanto os espíritos evoluídos quanto os mais atrasados moralmente podem dominar técnicas de hipnose. O que diferencia uns dos outros é justamente o seu objetivo. Enquanto aqueles a utilizam com o fim de resolver conflitos e harmonizar as consciências, estes podem utilizá-las para criar o processo de domínio e "vampirização" de suas vítimas.

Considerando o processo de emancipação da alma mediante certos fatores que assim a predispõem, avaliaremos os momentos nos quais os arquivos de fatos previstos a ocorrerem conseguem ser observados através de uma visão psíquica que ocorre com certa frequência durante o sono físico.

As ideias conceituais de passado, presente e futuro encontram explicações bastante interessantes através das modernas concepções da Física Quântica. Não será objeto deste capítulo realizarmos estudo de Física, mas nos utilizaremos do conceito de espaço/tempo a fim de situar os chamados sonhos premonitórios, proféticos ou de precognição na órbita dos fenômenos explicáveis, retirando-os do campo do sobrenatural e do misticismo.

Torna-se tarefa muito difícil estabelecer uma linha divisória entre presente, passado e futuro. Podemos afirmar que as relações estabelecidas entre eles são intensas, a ponto de um exercer forte influência sobre o outro. Essa influência tem caráter até mesmo modelador, uma vez que percebemos que o passado estabeleceu de forma direta muitas características apresentadas pelo presente. O futuro, por sua vez, está sendo ajustado a partir das nossas realizações no momento presente. Vejamos que se trata de um processo de modelação de ocorrências futuras: o momento presente está sendo marcado na escala do tempo como um passado em fase de realização e o futuro do passado é exatamente o momento que está se realizando, transformando-se automaticamente em um fato do passado, já que ninguém consegue deter a marcha do tempo.

Existem certas situações que favorecem o indivíduo no ato de penetrar nos registros dos arquivos constantes na programação das ocorrências futuras. Uma dessas situações é o estado em que passamos aproximadamente um terço de nossa vida: o sono. Percebe-se que a projeção do espírito ao mundo espiritual, no momento em que o corpo está refazendo as suas energias, propicia a quebra das barreiras impostas pelo mundo material, com fortes consequências sobre a determinação das medidas do espaço e do tempo, que sofrem variações tremendas, a ponto de o espírito registrar com a maior naturalidade aquilo que só o passar do tempo irá lhe mostrar, ou seja, o futuro.

Ao perceber as cenas futuristas, o espírito as registrará em seu psiquismo, dando maior importância aos fatos com os quais mais se identifica. Ocorre, porém, que nem sempre, ao retornar ao mundo das formas físicas, ele se recorda das percepções obtidas durante a sua emancipação. Isso se deve a alguns fatores tais como: uma predisposição do cérebro em não reter as imagens e a intervenção da espiritualidade, com o objetivo de não criar um clima de expectativa passível de prejudicar a caminhada do indivíduo e da coletividade.

Existem catalogados diversos casos de sonhos premonitórios, relatos que realmente vieram a se concretizar. Nesses casos, o participante das manifestações oníricas não só tomou parte do maravilhoso mundo do vir a ser como conseguiu trazer para a realidade física as lembranças de seu passeio pelo futuro. As lembranças são os sonhos e, nesse particular, sonhos premonitórios.

A fim de catalogar e verificar o índice de ocorrência desses tipos de sonhos, Robert Nelson fundou, em 1968, o seu Registro Central de Premonição. Com o objetivo de obter relatos dos casos, publicou a notícia e divulgou o endereço (Caixa Postal 482, Times Square Station, New York, New York 10.036) em diversos jornais, revistas e programas de televisão. Nelson afirmava que iria catalogar e arquivar as descrições que recebia e estabelecer correlação com acontecimentos recentes.

Até o presente, foram registrados aproximadamente 12.000 sonhos; desse total, 56 apresentam semelhanças pormenorizadas com acontecimentos que ocorreram após o respectivo registro.

Um interessante exemplo que correspondeu à realidade foi registrado por uma mulher de Ohio (USA) que sonhou com a queda de um avião monomotor num aeroporto próximo de sua casa. No sonho, o avião parecia estar com alguma avaria, fruto de uma colisão com outra aeronave ou com algum outro obstáculo. Conforme o relato, o avião "voltou para a esquerda e esmagou-se numa colina perto do rio". Após nove dias do registro do sonho, os jornais noticiaram a morte de um advogado, que residia na cidade, em acidente aviatório muito semelhante. Uma das hélices apresentou uma pane em sua estrutura quando o avião "começou a mergulhar para a esquerda" e "colidiu com o topo de um dique que corria ao longo do aeroporto". No relato do sonho, ela via três pessoas saindo da aeronave e, conforme os jornais, das quatro pessoas que se encontravam no avião, três sobreviveram.

Fato interessante é que os sonhos, quase metade deles registrados e comunicados, foram sonhados por apenas seis pessoas, vindo a corroborar a ideia de que nem todos conseguem ter acesso ao futuro ou não conseguem ter lembranças desse acesso.

Os registros históricos e as pesquisas atuais não deixam dúvidas: os sonhos premonitórios realmente existem. Num misto de pensamento e devaneio inconsciente, percebe-se a abertura dos canais da criatividade que se mostra de maneira extraordinária em diversas obras espalhadas pelo mundo afora. Numa bela tarde de primavera, o grande e magistral poeta inglês Samuel Taylor Coleridge fez uso de ópio como sedativo e adormeceu. Antes de dormir, ele leu a seguinte frase: "Neste local, o Khan Kubla ordenou que fosse construído um palácio". Três horas mais tarde, acordou com cerca de 300 versos registrados em sua mente. As imagens poéticas surgiram-lhe como "coisas", escreveu ele.

Através dessa manifestação onírica, o poeta escreveu os fantásticos versos da abertura de Kubla Khan:

Em Xanadu, decretou Kubla Khan
A construção de uma majestosa moradia de prazer:
Onde Alfa, o rio sagrado, corria
Através de cavernas incomensuráveis para o homem
Descendo para o mar sem Sol.

O compositor italiano do século XVIII, Giuseppe Tartini, experimentou um sonho bastante criativo. Ele sonhou que fazia um pacto com uma entidade maléfica e, depois, entregava o seu violino a Satã. "Qual não foi o meu espanto - escreveu Tartini –, quando tal entidade tocou uma sonata tão bela que ultrapassava os mais ousados voos da minha imaginação". Quando despertou, o compositor tomou o violino e tentou captar os sons que ouvira. Apesar de não ter conseguido totalmente, a peça intitulada *A Sonata do Diabo* ou *Trilo do Diabo* foi considerada a melhor que Tartini escrevera.

A cobra é considerada um símbolo onírico muito conhecido pelos pesquisadores dos mecanismos dos sonhos. Por sonhar com uma cobra, o químico Alemão Friedrich August Kekulé conseguiu terminar uma longa e cansativa pesquisa para entender a estrutura molecular do composto químico denominado benzeno. No sonho, os átomos participavam de uma dança e transformavam-se repentinamente numa cobra com a cauda na boca. Ao acordar, Kekulé compreendeu que a estrutura molecular que procurava possuía a forma de um anel.

O aviador e engenheiro aeronáutico britânico J.W. Dunne estava acampado com a sua unidade do exército na África do Sul, durante a Guerra dos Bôeres, quando teve um sonho dramático. No sonho, encontrava-se numa colina e observava com horror um vulcão que estava entrando em atividade. Em torno do vulcão, erguiam-se colunas de vapor. O aviador viu-se numa ilha próxima, pedindo desesperadamente a oficiais franceses que enviassem navios a fim de salvar as vítimas, num total de 4.000.

O posto avançado em que se encontrava Dunne recebeu os jornais ingleses que chegaram estampando uma manchete, dando conta de uma catástrofe a apresentar um forte paralelismo com o seu sonho: "Desastre causado por um vulcão na Martinica". Uma erupção na ilha francesa das Índias Ocidentais causara aproximadamente 40.000 vítimas - um zero a mais do que o número visto no sonho. Os sobreviventes foram salvos pelos barcos, conforme relatou o Daily Telegraph.

Existem numerosas comunicações de mães que receberam mensagens oníricas de filhos doentes ou desencarnados. Em 1884, Mrs. Morris Griffith, de Bangor, Gales do Norte, narrou um interessante caso à Sociedade Britânica de Investigação Psíquica. 13 anos antes, acordara assustada por um sonho em que seu filho, na altura da África do Sul, parecia pálido e gravemente doente. Por várias vezes o ouvira chamá-la.

"Senti-me bastante deprimida durante todo o dia seguinte" - prosseguiu - "não mencionei o fato ao meu marido a fim de não perturbá-lo". O estranho é que ele também se sentiu bastante deprimido, a ponto de ambos não terem nenhuma animação para realizar as suas tarefas diárias. No dia seguinte, receberam uma missiva do filho comunicando-lhes que se sentia bem melhor, depois de ter enfrentado um acesso de febre. Fato interessante é que, dois meses mais tarde, chegou uma nova correspondência dando-lhes conta de que o jovem desencarnara na mesma noite em que sua mãe havia sonhado com ele.

Reza a lenda que Aníbal previu em sonhos uma vitória militar, enquanto o rei Ricardo III da Inglaterra fora assombrado por "imagens horríveis", em sonhos, antes de sua derrota e morte em Bosworth Field. Segundo consta, Napoleão sonhou com um gato negro correndo de um exército para o outro em meio à desordem das suas tropas na Batalha de Waterloo.

Abraham Lincoln sonhou com a sua morte poucos dias antes de ser assassinado. Conforme relatou à sua mulher, Lincoln passeava pela Casa Branca e a ouviu chorar. Quando chegou à sala leste, viu um cadáver colocado numa urna rodeada por um cortejo fúnebre e um destacamento de soldados. Lincoln perguntou a um dos soldados quem era o morto. E a resposta foi a de que o presidente fora morto por um assassino.

O assassinato do arquiduque Francisco Fernando, da Áustria-Hungria, que deu origem à I Guerra Mundial, foi previsto em um sonho profético. O tutor do arquiduque, o bispo Joseph Lanyi, sonhou que Francisco Fernando era mortalmente atingido por um tiro enquanto seguia para Sarajevo. Lanyi registrou detalhes do sonho e tentou avisar o arquiduque, mas nesse mesmo dia recebeu um telegrama dando-lhe notícia do assassinato conforme ele sonhara.

Shakespeare dizia que a criatura humana é feita do mesmo material que constitui os sonhos. O ciúme, o medo, a angústia, o ódio, o amor invadem nossas noites e se vinculam ao nosso espírito tornando-o bom ou mau, fraco ou forte. O autor de Hamlet afirmava, por fim, que somos o que sonhamos.

Recentemente, antropólogos egípcios encontraram um papiro escrito há 4000 anos. Nele, há um registro de uma explicação de um sonho que um parente do Faraó havia tido. Ele sonhara que um abutre havia lhe devorado o fígado e isso lhe trouxera uma alegria intensa. O sacerdote do templo, ao ser consultado, afirmou se tratar de uma informação, significando que essa pessoa ficaria livre de um peso que a estava impedindo de ser feliz.

Parece estranha essa interpretação do sacerdote. Como pode uma pessoa sonhar com um abutre lhe devorando o fígado e, ao invés de sentir dor e angústia, passa a sentir uma grande alegria? Acontece que o sacerdote se utilizou dos seus recursos de interpretação baseado no fato de que tanto os gregos quanto os egípcios acreditavam que a alma das pessoas estava situada no fígado. Dessa maneira, fica fácil de entender que a pessoa que teve esse sonho estaria se libertando de algum problema que perturbava a sua alma.

Figuras como Hipócrates, Aristóteles e Galeno diziam que os sonhos trazem uma mensagem que precisa ser interpretada, pois ela indica qual o tipo de enfermidade que a pessoa irá desenvolver no futuro. Na *Ilíada*, de Homero, encontramos a afirmação de que os sonhos são mensagens dos deuses. Homero faz nítida distinção entre os sonhos falsos e os verdadeiros.

Segundo os textos, Agamenon foi visitado em sonho por Zeus, que lhe revelou todo o futuro. Através dessa revelação, Agamenon ficou sabendo que os troianos seriam derrotados pelos gregos. A ideia de que os sonhos trazem mensagens do futuro é, portanto, muito antiga.

Nas ruínas da biblioteca de Nínive, na Mesopotâmia, foi encontrado um guia completo sobre o estudo dos sonhos. Ele foi escrito em diversas tábuas de argila, pertencentes ao rei Assurbanipal, que exerceu o seu governo em 650 a.C. No *Atharvaveda*, um tratado completo sobre os sonhos escrito por um escriba indiano no século V a.C., são descritos todos os símbolos possíveis. Tal tratado afirmava que, sabendo "ler" os sonhos, é possível entender o futuro não só da pessoa como também das coisas.

Onirocricia (do grego *oneirokrisia*) é um tratado de interpretação dos sonhos escrito por Artemidorus, que viveu em Atenas no ano de 150. Uma de suas narrativas apresenta o episódio ocorrido no ano de 332 a.C., em que Alexandre, o Grande, tentava invadir a cidade de Tiro, na Fenícia, atual Líbano. Mesmo com um exército bem superior, a localização da cidade, que ficava a cerca de 1 quilômetro da costa, em uma ilha, atrapalhou os planos de conquista de Alexandre. Após 7 meses de tentativas, tanto os soldados quanto Alexandre estavam analisando a possibilidade de desistir da empreitada. Porém, uma noite antes da retirada, ele teve um sonho com um sátiro realizando uma dança sobre o seu escudo. A imagem da figura mitológica (metade homem, metade animal) não saiu da sua mente e, no dia seguinte, consultou o guia espiritual que acompanhava suas tropas. Depois de prestar atenção ao relato, o adivinho o interpretou como um sinal de que Alexandre deveria intensificar o ataque, pois a cidade seria conquistada em breve. Ele chegou a essa conclusão após separar a palavra sátiro em duas partes, gerando *Sa Turos*, que traduzida do grego significa "Tiro é sua". Realmente isso aconteceu, e Tiro foi invadida por Alexandre e suas tropas. Os gregos acreditavam que as imagens noturnas estavam relacionadas com a vida real e os homens, desde os mais simples até os mais poderosos, orientavam as suas atividades com base nos seus sonhos. Segundo a mitologia grega, Morfeu era considerado o deus dos sonhos; seu filho Hypnos se encarregava de fazer os mortais dormirem e os velava enquanto descansavam. Os romanos chamavam o deus dos sonhos de Sommus, filho de Nox (a noite) e irmão de Mors (a morte).

LIBERDADE DURANTE O SONO

*por Cláudio Bueno da Silva**

"Esses sonhos podem, pois, nos dar a ideia do estado do Espírito quando se desembaraçar dos entraves que o retêm na Terra". [1]

Levantou-se sem esforço e bem disposto, até. Não sentia mais aquela azia que aparecera depois do jantar, talvez provocada pelos pimentões proibidos pelo médico, a quem costumava desobedecer frequente e irresponsavelmente. Passou maus bocados até conseguir dormir sob aquele peso comprimindo o estômago, a exigir fundas respirações.

Abandonou o quarto, vagueou pela casa, esbarrou no relógio da sala: madrugada alta. Considerou-se bem. Despreocupado, atravessou a porta, ganhando o quintal tão familiar. Andava com facilidade, desencolhido, experimentando uma sensação de leveza.

Pensou em como era bom estar livre, sem amarras. Olhou em torno e conjeturou o que fazer naquela hora, com a liberdade provisória que o sono lhe conferia.

"Muitos não dispõem da própria liberdade" - refletiu, enquanto sondava a bruma noturna. "Ingênuos e fracos, isso é o que são! Deixam-se dominar por bandidos do espaço que os envolvem e os comandam. Comigo é diferente. Não dou oportunidade para me anularem. Busco o que quero, com opinião. Há tanta coisa boa que se pode fazer sem prejudicar ninguém... Não sou santo, mas não admito fazer mal aos outros. Tenho dó de uns tantos que dormem pesadões e temem sair, soltar-se, ganhar as alturas, voar como eu faço quando estou livre. Ficam ali, presos às coisas, ao seu mundinho cheio de móveis, como que imantados ao corpo sobre a cama. Também não compreendo aqueles outros que fazem dessa liberdade noturna uma autoescravidão. Encerram-se a estudar, estudar, estudar em aglomerações específicas na erraticidade, às quais concorrem almas que julgo sérias demais para o meu gosto. A vida não pode ser assim tão séria, não! Há exigências estafantes no dia a dia da vida do corpo que precisam ser compensadas de alguma forma! A mente requer descanso, por isso, utilizo o meu tempo de sono na descontração. Saio do quarto toda noite sem premeditar nada, explorando o espaço imenso, disposto a conseguir o que me é vedado sob a luz do sol. Ando, procuro, revejo afinidades, jogo, danço, *curto* as emoções e me agrado. Uso a liberdade a que tenho direito e que a natureza me concedeu. Lugares, pessoas, situações inusitadas preenchem minhas noites com naturalidade. Discuto, cobro, arrelio, numa convivência muito intensa e na qual se podem encontrar tipos curiosos".

"Uma vez, reunido com meus camaradas numa esquina que frequentava, notei a certa distância uma figura enigmática, reluzente, fitando-nos com discreta insistência. Embora olhasse para o grupo, percebi que era para mim que dirigia aquele olhar complacente e piedoso. A princípio incomodado, depois esquecido da imagem, no calor das discussões com os amigos, só me dei conta dela novamente quando se desfez a roda em que eu estava. Cada um seguiu para o seu lado; segui meu rumo passando pelo sujeito, que ainda lá estava. Deu-me a impressão de já tê-lo visto, uma cara amiga, uma lembrança recôndita, não sei bem. Surpreendeu-me o que me disse, num tom enfático e ao mesmo tempo cordial, antes de desaparecer: - Moço, aproveite as horas livres para sua instrução! Não perca seu tempo!"

"Aquelas palavras causaram-me forte efeito e pareciam revelar muito mais do que queriam dizer. Mas isso foi há muito tempo... Nunca mais se repetiu. Agora..."

Um galo cantou forte, bem perto. Num átimo, voltou a si, recobrou a atenção e viu que aquelas reflexões já iam longe demais. Lembrou dos amigos da esquina e, num instante, sumiu na noite. Tinha ainda algumas horas de liberdade antes de acordar.

1 Nota de rodapé de Allan Kardec em *O Livro dos Médiuns*, segunda parte, "Das manifestações espíritas".

*Cláudio Bueno reside em Osasco (SP) e é autor dos livros *Um Sorriso como Resposta* (contos), *Lavoura Agreste* (romance) e coautor do livro *Algumas Contradições Bíblicas (estudos e contos)*, de Ademar Faria Jr., todos editados pela Mythos Editora.

Ademar Faria Junior

DADOS BIOGRÁFICOS:

Nasceu em 06 de Fevereiro de 1968, em Vitória (ES). Por ser filho de pais espíritas, desde muito cedo dedicou-se à tarefa de divulgação da Doutrina Espírita como orador e escritor, tarefas que refletem o seu interesse pelo Espiritismo e já o tornaram bastante conhecido na comunidade espírita do Espírito Santo e de outros Estados. Nas lides espíritas assumiu diversos cargos, tais como: presidente do Grupo Espírita Joana D'Arc, diretor do Lar da Fraternidade (abrigo para idosos e crianças) e membro pesquisador da Fundação Espírito-Santense de Pesquisa Espírita (FESPE), criada pelo saudoso professor e pesquisador Lamartine Palhano Júnior. Atua no movimento espírita de Linhares (ES) como diretor do Núcleo Espírita Irmã Scheilla. É autor dos livros: Sonhos - Perguntas e Respostas, Desvendando os Milagres e Contradições Bíblicas. Na área profissional, desenvolveu atividades de magistério como professor de Física e Matemática; hoje, após ter realizado cursos específicos, dedica-se à área da Saúde, atuando como quiropraxista em clínicas e empresas.